一杯のラーメンで世界中を笑顔にしたい!!

お客様を笑顔にする、に限界はない

株式会社魁力屋代表取締役
藤田 宗

京都北白川
ラーメン魁《かい》力《りき》屋《や》

コスモ21

日本中を幸せに！めざせ500店舗！

五反田店

竹ノ塚店

宝塚店

リア、繁華街、高架下など様々な場所に展開している魁力屋

一杯のラーメンで

イオンタウンユーカリが丘店

越谷店

本店

弘明寺店

浦和美園店

ロードサイドだけでなくショッピングモールやパーキングエ

「笑顔」と「元気」と「気くばり」で魁力屋を支えるスタッフ

魅力屋

いっしょうけんめい
この時は一瞬懸命
この場は一所懸命
この人生は一生懸命
私の人生は一笑賢命
いつでもどこでも
いっしょうけんめいが
いちばん美しい

黒田クロ

漫遊書家 黒田クロ　各店舗内にパネルで掲示

凡人が賢人に勝つには
目の前のことを
コツ（骨）コツ（骨）するが
勝つコツ!!

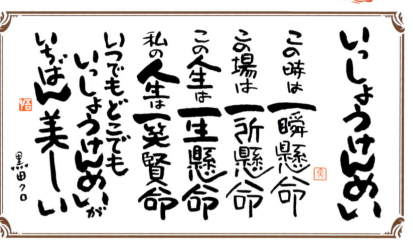

一杯のラーメンで世界中を笑顔にしたい!!

編集協力◆黒田クロ
カバーデザイン◆中村　聡
本文イラスト◆Ｒｉｅ

まえがき　ラーメンで世界中を笑顔にしたい！

「大きくなったらラーメン屋さんになる！」

住宅街にある小さな駐車場の一画に、夕方ぽつんと小さな灯がともる。「ラーメン」と書かれた屋台、その赤い提灯に誘われて人々が集まってくる。ラーメンを置くベニヤ板のカウンターは6席程度。その他にパイプ椅子がいくつかあったと思う。

店のおじちゃん、おばちゃんのコンビネーションは最高で、小さなその店の外まで並ぶ客に、次から次へと熱々のラーメンを渡していく。

ラーメンはシンプルな醤油味。味についての記憶はそれだけだ。なにか特別際立った印象があるわけではない。だからこそ、店が開いているかぎり客足は絶えず、毎日のように通ってくる人も少なくなかったように思う。仕事帰りだろうが、飲んだあとのシメだろうが、その味はじんわりと染み渡る。

心に残っていることといえば、誰もが笑顔でうれしそうに、ほっとしたようにそこにいて、おいしそうにラーメンを食べていたこと。

それが今、ラーメンを仕事にしている私にとって、最初のラーメンの記憶です。自宅のほど近く、今思えばなぜあんなところにと不思議に思うような場所の、今はなき屋台ラーメン。子どもの私にとって、とてもラッキーな偶然であり出会いでした。おかげで私は、こんなに早く将来の夢を見つけることができたのですから。

「大きくなったらラーメン屋さんになる！」と。

ラーメン屋が将来の夢だなんておかしいと思いますか？　しかもそれをずっと思い続けていたなんて。

小さな子どもなら、ケーキ屋さんや駄菓子屋さんになりたいというのもわかります。小学校を卒業する頃には、男の子ならサッカー選手やパイロット、お医者さんなどと言いはじめ、具体的に進路を考えるようになれば、たとえば公務員やテレビマン、美容師など、現実的な仕事を思い描くようになるでしょう。

味自慢
らーめん
ラーメン

確かに、ラーメン屋になるという夢はめずらしいかもしれないし、それをずっと思い続けているのは変わった子どもなのかもしれません。でも、私はラーメン屋になりたかった。そして、それを実現させました。

ラーメンでみんなを笑顔にする

この話をすると、「ラーメンの魅力は何ですか？」とよく聞かれます。私にとって、この質問のほうが不思議です。だって、ラーメンって、本当に魅力的な食べ物じゃないですか？

むしろ「ラーメンほど素晴らしい食べ物はない」と言い切りたいくらいですが、そこは人それぞれ好みもありますので、押しつけることはいたしません。でも、ラーメンが素晴らしいということに関しては、臆することなく断言できます。自分自身がラーメン好きというのはもちろんですが、それ以上に「ラーメンが嫌い」という人に出会ったことがないのです。

「とんこつは苦手」とか、「こってりはそれほど」という声は聞いたことがあっても、ラーメンという食べ物をひとくくりにして全否定する人に、実際に会ったことがありますか?

だからラーメンは素晴らしいのです。しかも、価格的にも時間的にも、誰もが無理なく存分に楽しめる食べ物でもあります。味やトッピングのバラエティも豊か。おいしいもの、好きな食べ物は人を幸せにします。みんなを笑顔にします。より多くの人を幸せにし、笑顔にする食べ物、それがラーメンなのです。

私は、ラーメンが大好きです。そしてそれ以上に、私たちがつくったラーメンを食べていただき、多くの人に喜んでもらえることが、なによりもの幸せであり人生目標でもあります。子どもの頃、近所の屋台ラーメンで受けた衝撃。どうしようもなく惹きつけられた気持ち。それは、おいしいものによって人々が笑顔になるという事実、そのなんともいえない充実感と幸福感に触れたからなのだと思います。

「ラーメン屋さんになる」。それは私にとって「ラーメンでみんなを笑顔にする」ことを意味していたのです。

志を共有するスタッフと共にチャレンジ

私たち魁力屋《かいりきや》は、２０１５年に創業10周年を迎えました。この節目の年、年商約50億円という数字を達成することができました。ここまで来られたのは、あたたかくも厳しく見守り、支えてくださる方々、情熱のすべてをかけて、おいしいラーメンとよりよい店づくりに打ち込んでくれるスタッフ、そしてなにより魁力屋のラーメンを食べに足を運んでくださるお客様のおかげに他なりません。

２０１７年10月現在、魁力屋は国内80店舗でチェーン展開しています。京都から大阪、関西、そして関東近郊や東北、沖縄へ。幹線道路沿いで駐車場を備えたロードサイド店からはじまり、ショッピングモールでの出店も進んでいます。駅前店や高速道路のパーキングエリアにも出店しました。真っ赤な看板に白抜きの「京都北白川　ラーメン魁力屋」という看板も、そろそろ広範囲の地域でおなじみになってきたといえるでしょうか。

カップ麺のメーカーさんからお話をいただき、全国のコンビニエンスストアで発売したカップラーメンは大好評で、第２弾以降も次々と続いています。魁力屋の店頭で販売する即席ラーメンの売り上げも上々。「京都九条ねぎラーメンバトル」では、2年連続売り上げ第1位を獲得しました。東京六本木ヒルズでのイベントや、タイ王国バンコクで行なわれたイベントにも出店するなど、可能性を広げるさまざまな取り組みに積極的に挑み、成果を上げています。

魁力屋から独立オーナーとして「のれん分け」を受け、チェーン展開を力強く進めてくれるオーナーも誕生しています。私が思い描いていた道のりを、みんなで一歩一歩進んでいる実感があります。

もちろん、途中で何度も失敗したり、迷ったり、落ち込んだりすることもありましたが、これから次のステップに進むには、もっと大きな困難にもぶつかるでしょう。それは覚悟のうえですし、必ず乗り越えられると信じています。

魁力屋には、同じ志を共有する多くのスタッフがいます。チャレンジなくして成長なし。困難なきところに感動なし。それを肝に銘じて、さらなる高みをめざしています。

一杯のラーメンで世界中を笑顔にしたい‼——もくじ

1章　魅力屋の決意！

2章　チェーン展開に向かってチャレンジ

3章　目先の利益より目の前のお客様を大切に

4章 スタッフがいつでも輝いているラーメン屋

5章 拡大し続ける魁力屋ネットワークの秘密

6章 「笑顔」と「元気」と「気くばり」が魅力屋のいちばんの心

1章

魁力屋の決意！

飲食業界をリードできる会社とは？

魁力屋の10年目は『餃子の王将』さんの10年目とちょうど同じような規模だということを聞きました。目標のひとつである京都発祥の一大チェーン、王将さんと同じように成長している。そう評価してもらえることは、私にとってとてもうれしく、勇気づけられるものでした。同時に、気持ちを引き締めさせてくれる事実でもありました。

無我夢中でもう10年。必死で頑張ってやっと10年。どちらにしてもこの先が正念場です。当面の目標は、全国５００店舗展開。さらには京都背脂《せあぶら》醤油ラーメンを世界に発信したい。そういった夢のひとつひとつは、業界をリードする企業でなければ成し遂げられません。

また、業界が停滞しないよう新風を吹き込むためには、業界全体をリードできる企業でなければなりません。たとえば、格安イタリアンを定着させ、ちょい飲み文化創出のきっかけをつくったとされる『サイゼリヤ』さんも、あれだけの規模感があり、チェーン展開があったからこそ、この混沌とする時代に新たなトレンドを生み出すことができたのです。

店舗を増やす、売り上げを伸ばすというのは、それ自体が目的ではありません。それによってできることが増える、それが重要な点です。新たな潮流を生み出す。世界に日本が誇る食とサービス精神を発信する。そうすることで、日本の飲食業界全体を活性化させる。私たちがめざすものは、そこにあります。

それと同時に、毎日一杯のラーメンを食べに来てくださるお客様に、心から「来てよかった」という満足を感じていただくこと。地域密着であるラーメン屋の原点を忘れず、大切にすること。魅力屋チェーンのすべての店舗は、大地にしっかりと足をつけながら、広く世界にはばたく企業の一員として日々、精進していきます。

これだけは負けない！　魁力屋最大の武器

「おいしい」「また来たい」と思われることが人気店になるための秘訣。そんな当たり前のことを、なぜわざわざ言うのか。それは、このシンプルな真実のなかに、多くの教訓があると考えるからです。

世の中においしいものはいくらでもあります。ラーメンだけとっても、私自身、大好きなラーメンがたくさんあって、いちばん好きなラーメンを聞かれたら、正直なところ迷ってしまいます。

辛さが人気のクセになるラーメンもあれば、こってりガッツリ、パンチの効いたラーメンもあります。あっさりして日本そばのように食べられることが売りのラーメンもあります。それぞれの店に、「無性に食べたくなる」「やっぱりこの店じゃないと」というファンがいます。どのラーメンも間違いなくおいしいのです。

私たちの店にも「おいしい」「やっぱりこの味」と思ってくださるお客様がいる

から、こうして営業を続けていられます。「おいしい」にもいろいろあるなかで、私が自分の店のラーメンに求めたのは、誰もが毎日でも食べられる味。それには、シンプルであっさり、それでいて深みがあること。

そんなラーメンの味に加えてもうひとつ、「また来たい」と思わせるものが魅力屋にはある。そう断言させていただきましょう。それは接客のよさです。味と接客という両輪がもたらす「お客様満足」。それこそが魅力屋最大の武器であり、私たちの存在意義でもあるのです。

日本を代表する食べ物のひとつラーメンと、日本が世界に誇るおもてなし文化。魅力屋はそのハイブリッド的な存在でありたい。そうであり続けるために、私たちはどんな努力も惜しみません。

一杯のラーメンに、笑顔と元気と気くばりを

では、味と接客であれば、どちらがより大事なのでしょうか？

味も接客も、悪いよりはよいほうがいいのは当たり前です。その一方で、味さえよければ、お客様に食べ方の注文をつける頑固おやじの店でも流行っているという事実があります。

もちろん、味のよい悪いは、人やタイミングによって判断が変わります。しかし接客については、それほど好みが分かれることはなく、きちんと心遣いをされれば普通はうれしいものですし、気持ちいいものです。

ラーメンについていえば、味の種類もタイプもさまざまで、それらをひとくくりにして、百人中百人がおいしいというラーメンをつくることは無理です。でも、接客であれば、すべてのお客様にご満足いただくことが可能なはず。

そういったことを考えたうえで、魁力屋は、味も接客も大事にすることを決め

ました。

味の好みの部分は仕方ないとして、これと決めたこだわりのラーメンを最高の状態で提供すること。

そして、お客様一人ひとりに対して〝いちばん大切な人の両親〟だと思って心くばりをすること。

「〝いちばん大切な人〟だと思って」というのはよく聞く言葉だと思います。

でも、若いアルバイトのスタッフたちに〝いちばん大切な人〟と接するようにと言っても、意

スタッフの笑顔がお客様を元気にする

外と伝わらないものです。たとえ雰囲気はわかったとしても、実際にどうしていいかはわからないという声も聞きます。

そこで〝いちばん大切な人の両親〟と言えば、たとえすぐ思い当たる人がいなくても、そういった存在に対して自分がどう接したらいいのかイメージしやすいようです。

サービスという言葉は、相手のために心をくばる、尽くすという意味。私たちはお客様満足のために心をくばり、その対価として代金をいただいています。それによって、また店に足を運んでいただけるよう努めていますが、なにより私たち自身がお客様の笑顔や感謝の言葉から元気や充実感をいただいています。

おいしいラーメンと笑顔、元気、気くばりのどれが欠けても魁力屋ではありません。お客様がそれをいちばんご存知なのだと思っています。

やっぱりやるぞ、ラーメン屋！

ここで魅力屋誕生時のことをお話ししてみます。魅力屋の原点がそこにあるからです。

「まえがき」で述べましたように、ラーメン屋になるという私の子どもの頃からの夢はずっと揺らぎませんでした。社会人になって働きはじめてからも、自分のなかでラーメン屋になるという目標を設定し、そこに向かってさまざまな社会経験を積みました。

夢中で働き、自分が決めた目標をクリアできたと思ったところで、いよいよ念願のラーメン屋開業に向けて具体的に動きはじめました。でも、正直に言いますと、私のなかにはワクワク感とともに多くの迷いや不安も渦巻いていました。

なにもかも一からのスタートです。どこから手をつけるべきか定かではなく、やる気だけが空回りしていることもありました。

どんなメニューにするのか。どんな場所で、店構えはどうするのか。スタッフはどのように集めて、どう教育すべきなのか。資金繰りは……。〝食〟と〝建築〟と〝人〟と〝お金〟。

これらはまったく別の分野の話ですが、飲食店を営むのであれば、どれかひとつを間違えてもうまくいきません。未経験の私にとっては、すべてが難しいことだらけ。

ただし、ラーメン屋やラーメンチェーンには、成功のロールモデルが豊富にあります。私自身が「いいな」「すごいな」と思うモデルがいくらでもあるのですから、参考にできること、したいことは真似すればいいと考えていました。

それにしても、はじめてのことが軌道に乗るまでにはものすごいパワーが必要です。越えなければならないハードルも非常に高いのです。わかってはいたつもりでしたが、そのことを心の底から実感させられる期間でした。

今、振り返っていちばん痛感することは、自分はひとりで生きているわけではない、たくさんの周囲の人々に助けられて生きているのだ、仕事をさせていただいているのだということです。

知らないこと、できないこと、足りないこと……貴重な知恵や力を借りながら、ときには迷い悩みながら、ひとつひとつの課題をクリアできてきたのです。

納得できる京都ラーメンをつくりたい

どんなに迷ったときでも、私のなかでただひとつはっきりしていたことがあります。それは、自分がめざすべきラーメンの姿でした。私自身はとにかくラーメンが好きで、個人的な趣味として全国各地のいろいろなラーメンを食べていました。

けれど、自分のラーメン屋をつくると考えれば答えはひとつ。先祖代々、京都に生まれ育った私には「京都ラーメン」以外ありません。

それは決まっているのですが、自分でつくるとなると、さて、「京都ラーメン」とはなんなのだろう。普段当たり前のように食べてきたおいしいラーメンですが、京都ラーメンと他のラーメンには、どんな違いがあるのでしょうか。

博多ラーメンや札幌ラーメン、喜多方ラーメンなどは、特徴がはっきりしています。もちろんお店によっても個性はありますが、麵にもスープにも、そう呼ぶための条件と言っていいほどの特徴があります。

でも京都ラーメンに、これこそと言えるほどの特徴はあるのでしょうか。たとえば京都のラーメン店の巨頭として挙げられる『新福菜館』さんと『第一旭』さん、『天下一品』さんでは、それぞれタイプが違います。

加えて京都ラーメンより先に全国に広まったかのような「京風ラーメン」（京都ラーメンとはまったく別のものも多いようですが）があり、関西以外では、それが京都ラーメンと混同されていることも多いようです。

そんななかで自分が納得できる京都ラーメンをつくりあげるまでには、気の遠くなるような迷いや試行錯誤がありました。結局、辿り着いたのが、私にとってラーメンの原点である「毎日食べたい屋台のラーメン」だったのです。

京都の老舗ラーメン店はもちろんのこと、日本全国のラーメン店に出向き、食べ歩きながら研究しました。毎日ラーメンを食べ続けていると、毎日食べたい味がわかってきます。それは、好みとはまた別の部分にある〝安心できる味〟なのだと感じました。

また、私は特別なラーメンファンですが、そうではない、普通の人にとってもおいしいラーメン。子どもからお年寄りまで親しみやすい味。となると、時折無性に食べたくなるパンチの効いたラーメンではありません。

こだわり醤油と背脂で京都ラーメンを極める

もうひとつ、京都ラーメンとして徹底的にこだわろうと決めていたのが醤油です。私の家系は、京都御所にほど近い京都のど真ん中、二条間之町で藤田商店という醤油屋を代々営んでいました。創業は明治初期。京料理では、味の決め手である醤油選びに非常に気を使います。こだわりの強い料理人ほど、自分の感性に合う醤油探しに心を砕くといわれています。

高品質な醤油造りに定評のあった藤田商店は、長年、多くの老舗料亭から支持を受けてきました。京都の食文化を縁の下から支え続けてきたという自負を、祖父は持ち続けていました。けれど、時代の流れで老舗料亭が減るなか、祖父の代で醤油屋の歴史も幕を閉じることとなったのです。

京料理、日本料理に欠かせない醤油、自分のルーツでもある醤油には一切の妥協をしない。それこそ、私にとって絶対に変わらないこだわりかもしれません。

魁力屋では、こだわり抜いた醤油を数種類ブレンドし、厳選した鶏ガラを短時間で炊き上げます。何時間も炊き込むことを売りにしたスープもありますが、長時間炊き込み系のスープは白濁し、こってり感を増していきます。それもおいしく人気でしょう。

けれど、子どもからお年寄りまで、毎日食べても飽きないスープとは違うと思っています。

短時間で炊き上げると、透き通った清湯《ちんたん》スープになります。私たちがブレンドする醤油との相性は抜群です。白湯《ぱいたん》スープでは出せない繊細な味だという自信があります。

さらに魁力屋では、時間が経ったスープは使わずに処分しています。もったいないことですが、私たちのスープの味を守るためには仕方ありません。だからこそ、ロスが出ないようしっかりと計算しているつもりです。

麺はスープとなじみやすい、中細のストレート麺。豚肉に醤油で下味をつけたチャーシューは、京都風に薄くカットします。しっかりとした食感と柔らかさを調和させるためです。特製醤油ラーメンには、豚の背脂を落とし、さらにメンマと青ネギを乗せます。

これで、ふんわりと旨味が香る、素朴ながらコク深いラーメンになります。さらに、麺のゆで加減や、味の濃淡、背脂の量のお好み、具材で除いてほしいものなどもオーダー時にお聞きして、それぞれのお客様のお好みや、そのときの気分に合ったものをお出しできるようにしています。

お客様のなかには「懐かしい」という方もいらっしゃいます。

この特製醤油ラーメンを基本に、みそ味やしお味、期間限定のラーメン、ラーメンに合うサイドメニューを用意して、誰でもいつでも何度でも来たくなる店をめざしています。

誰もが食べられる、毎日食べても飽きがこないという点さえ外さなければ、その他のことは、いいものはどんどん取り入れ、変わっていっていいと思っています。味は進化し続けるものだからです。

実際に、魁力屋のラーメンは、創業当時とはだいぶ味が変わってきています。現在の味に辿り着くまでには、相当な回数の試行錯誤を繰り返しています。

決して安易にころころと味を変えるということではありませんが、開業当時と同じように、今よりよいものを求め続けています。

求めるものがはっきりしているから、私たちは変化を恐れません。流行を追うのではなく、今あるものにしがみつくのでもなく、ただひたすらに、お客様にもっともっと喜んでいただけるラーメンを提供したいのです。

コラム

食べるはよし、つくるは難しのラーメン開発裏話

シンプルなものほど極めるのは難しい。そんな言葉を聞いたことはないでしょうか？　私たちがラーメンを開発するときも「シンプルでおいしい」という部分に苦

労しました。

ありとあらゆる食のレシピが自宅にいながら検索できる今、ラーメンのレシピもあふれています。どこのお店でもそれぞれのこだわりで一生懸命に自店の味を生み出しているわけですが、強い味のもののほうがつくりやすいし、特徴もつけやすい。でもシンプルでいながら、「この店の味」を舌と心に刻んでいただくのは、なかなか大変なことです。しかもシンプルな味は繊細なので、スープを安定させるのも難しい。「これはうまい」というスープが試作できても、同じものをつくる、そしてつくり続けるのが難しいのです。

魁力屋のラーメンは、子どもの頃からラーメン屋をめざしてきた私と、私に負けず劣らずラーメン好きで凝り性のスタッフが、試作に試作を重ねて生み出したものです。

魁力屋オープンの前に準備期間としてオープンしていたラーメン屋（くわしくは2章に）の営業が終わってから、毎日のように朝方までかけて試作を繰り返した日々。

醤油ひとつとっても多くの種類があります。自分たちの思い描くラーメンにいちばん合う醤油はどれか。醤油屋に生まれただけに、気になるものは試してみなければば気が済みません。

スープだってそうです。鶏にするのか豚にするのか。牛だってすっきり仕上げることはできるし、魚介系も人気です。京都ラーメンならこれしかない、というものがないのが面白くも悩ましいところ。

スープや煮込みのタイミングも難しい。どれかを変えれば、またそれに合う醤油や、その他の要素も変わってきます。たったラーメンひとつのこと。けれどそれこそが私たちの命になる。妥協は決して許されません。

今思えば「よくあんなことができたな」と思う反面、本当に楽しかったです。大好きなラーメンを極めるために、頭で考え手を動かし、舌で確かめる。普通なら嫌になってしまいそうだけれど、私にとっては苦ではありませんでした。

眠かったり疲れたりということはあっても、ラーメンが嫌いになったり、もうこのくらいのレシピでいいや、と思うことはありませんでした。

「これだ！」という味ができあがり、魁力屋の原点を生み出したときの感動は、忘れることができません。夢中で麺をすすり、スープを飲み干しました。そのときの味わいと、込み上げる気持ちの熱さを今でもはっきりと覚えています。

マニュアルでは伝わらない情熱や想い

オープンにあたって重要な課題のひとつが、スタッフの募集と教育でした。おそらく多くの飲食店経営者の方々が、同じ問題に頭を悩ませているのではないでしょうか。

最初の課題はスタッフの確保。人員不足は深刻な問題です。そして次に、スタッフと想いを共有することの難しさ。仕事の流れはある程度時間をかけて伝え、慣れることでつかめていきます。でも、情熱や想いというのは、言葉やマニュアルではなかなか伝わりません。

そもそもアルバイトであれば「決められた時間中、決められたことをすればいい」という考え方になりやすいものです。それが間違っていると言うことはできません。

それでも私が考える「いい店」をつくるためには、「お客様に喜んでいただきたい」という想いを共有できる人でなければならない。それに私自身の想いとして、一緒に働くなら、仕事に対して情熱をぶつける人であってほしい。それは譲れない部分でした。

厨房担当であれば、少しでも速く丁寧に、なによりおいしいものをお客様に届けたい。食材のロスが多ければ、それだけ価格に反映するのだから、ロスにも気を使って大事につくりたい。皿洗いだって、お客様の手や口に直接触れるものだけに、心を込めて丁寧に。

ホールであれば、お客様がなにを望んでいるかに気をくばり、自然にこちらからお声掛けをしたい。わざわざ足を運んでくださったお客様に、不便やストレスのないよう、おいしいものを最高の状態で、ゆっくりと存分に味わってほしい。

そういう想いで動けば、マニュアルなんてなくても、するべきことは見えてくるはずです。もちろん、スタッフ間の決め事や事務的なルールもありますので、しっかりしたマニュアルは用意しています。

しかし、とくにお客様対応の部分では、マニュアルにはしきれない心遣いが大切になってきます。

コラム

出会いは無限大

魁力屋には、さまざまな業種から人が集まってきてくれます。一般的な求人募集を見てきてくれる人の他に、なにかのきっかけで魁力屋に関わって仲間になってくれたスタッフも少なくありません。

アルバイトであれば、学校の先輩や友人からの紹介は本当に多いですね。私なら、働きやすい職場でなければ人に紹介しません。そう考えると紹介が多いというのは喜ばしいことです。

また、お客様からの紹介が多いのも、とてもうれしいことです。お客様が知人や友人をご紹介くださったり、なかには自分の子どもをぜひこの店でアルバイトさせたいと連れてきてくださったりする常連さんもいます。

パートスタッフが、自分の夫を社員として紹介してくれたこともありました。パートナーの仕事というのは、家族の生活に大きく関わってきます。それを魁力屋に託してくれたこと、夫婦そろって頑張ってくれていることに感謝しています。

未経験者大歓迎の魁力屋ですが、他のラーメン屋から入ってくれたスタッフも、もちろんいます。転職を考えるうえでは当たり前かもしれませんが、みんな何度か店に食べに来てから決意してくれているようです。「おいしいから」「チェーンとしての勢いを感じるから」「店の雰囲気がよいので、一緒に働きたいと思った」など、私たちにとってはうれしい動機によって入店し、高いモチベーションをもって頑張ってくれています。

さらには、関連業社の担当者が仕事で店に顔を出しているうちに「ここで一緒に働きたい」と言って入社してくれるなど、幅広い形で仲間に加わってくれるスタッフがいます。

魁力屋のラーメンが好きで、店の雰囲気も気に入って、ここで働きたいとまで思ってもらえる。とてもうれしいのと同時に、私たちの大きな自信になっているのです。

心遣いのアイデアは無尽蔵

お客様にオーダーを伺ったりお声掛けしたりする際、魅力屋ではお客様と目線の高さを合わせてお話しすることを基本としています。お客様を見下ろさないよう目線の高さを合わせながら美しい所作ということになると、自然とひざをつく格好になります。

それで「ひざつき接客」などとも呼ばれていますが、もちろんひざをつくことが目的ではなく、ひざをつくようにと指示することもありません。新入りのスタッフが先輩の姿を見て、美しく丁寧な接客スタイルとして受け継がれているのです。

お客様が来店された際とお帰りの際、ホールスタッフがドアを開閉して「お出迎え」「お見送り」をします。また、雨の日に濡れていらっしゃるお客様にはタオルをお出ししたり、急な雨の日、駐車場で車を降りたお客様が傘をお持ちでない場合、傘を持って車までお迎えに行ったりすることもあります。

いずれも状況を見てですが、気持ちのうえでは常に全力でできるかぎりのすべてをしたいと思っています。

このように、お客様と直に接する機会を少しでも多くするため、自動ドアではなく手動ドアを、券売機ではなく店員オーダー制をとっています。建築基準法上、自動ドアを設置せざるを得ない店舗もありますが、基本的には手動ドアにしています。

また、店の前のお待ちいただくスペースには、お茶を置いたり、冬は外にストーブを置いたりしています。

その他にも、ひざかけや絵本を用意している店もあります。こういったサービスのほとんどは、本部から「これをしろ」「あれをしろ」と言っているものではありません。各店のスタッフが気づいたアイデアを出し合って実施しています。店ごとの事情もあり、全店共通ということではありませんが、お客様に好評だったことや、いいアイデアだと思ったことは他の店とも情報を共有します。

その場の状況に合わせて、お客様のためにできるかぎりのことをさせていただく。お客様第一の気持ちをスタッフ全員がもって、自主的に動く。それができるのが魅力屋の自慢であり誇りです。

想いを自然に共有できる企業文化が定着

一杯650円からのラーメンを提供するのに、そこまで考える必要があるのか。そう聞かれることがあります。ホテルのレストランならともかく、ラーメン屋でそこまでしなければならないのか。実際、こんなラーメン屋は他にないというお客様の声が多いということは、他にそうする店はないのでしょう。つまり、お客様もそこは期待していないし、店側も、そんなことは必要ないと考えているのでしょう。

必要あるかないか、しなければならないかどうかではない。「わざわざお越しいただいてありがとうございます。居心地よく、おいしい時間を過ごしてくださいませ」。そういう感謝の気持ちがあれば、自然と仕草に表れる。そう私は思うのです。

今の魁力屋は、アルバイトがアルバイトを呼び、また店自体の雰囲気に惹かれて新しいアルバイトが集まってきてくれます。マニュアルにはない魁力屋のサービス精神や心遣いがいいなと思って応募してくれるスタッフも多いということです。

今は、店も企業としての体制もしっかり整えることができましたので、社員の募集、受け入れ、教育体制も確立しています。魁力屋で育った先輩たちが、理念や想いを自ら示してくれるので、そういったものが店全体に自然に伝わり、浸透し、受け継がれていきます。

そもそも、スタッフ教育には「これが正解」というものはないと思います。なにを言っても、なにをしても、相手が心から納得しなければ押しつけになってしまいます。押しつけられてしたことは、お客様の心には響きません。むしろ、イヤイヤ感やギスギス感が伝わってしまいます。

開業当時は私も未熟でしたし、企業としても不揃いのことばかりでした。背中を見せて育てたくても、見せるべき背中が育っていませんでした。そんな状態から付いて来てくれて、今、後輩たちに堂々と背中で教育してくれているスタッフたちを見ると、心からの感謝でいっぱいです。

「想いを共有する」と言えば、言葉は格好いいかもしれませんが、それを現場で実践しようとすると、ともすれば熱すぎてうっとうしいととられかねません。それが自然に実践される雰囲気を魁力屋の企業文化として定着させてくれた歴代のスタッフたちすべてに、あふれる感謝を伝えられればと思っています。

コラム

ここにも注目！ ラーメン鉢の龍をよく見ると

ラーメン鉢に欠かせない（？）のが龍。今では個性的なラーメン鉢を使用するお店も増えていますが、昔ながらのラーメン鉢といえば、やっぱり赤が目立つなかに緑の龍というイメージですよね。

どなたにもなじみ深いラーメンにこだわる魁力屋ですから、ラーメン鉢は基本のものを使っています。……いいえ、基本っぽいものというべきでしょうか。

魁力屋の鉢はオリジナル。店名が入っていることもありますが、その他にひとつ大きな違いがあるので、興味のある方は、この先を読まずに、ぜひ店頭で違い探しにチャレンジしていただければと思います（笑）。このコラムのタイトルにヒントがありますから簡単ですよ！

さて、ここからが答えです。違いは龍の向き。通常のラーメン鉢に描かれた龍は後ろを振り返っています。

前向きの龍で魁力屋の心を表現

私は後ろ向きより前向きが好きな人間なので、自分の店の大切なラーメンのなかにいる龍は前向きにしたかったのです。

すると、「本部スタッフに絵のうまい社員がいる」という情報が。さっそくお願いして、前向きの龍を描いてもらいました。社内でも評判がよかったため鉢に採用。以来、魅力屋の龍はしっかり前向きに、未来を見つめているのです。

快く龍のイラストを描いてくれた社員にはもちろん、彼女が絵が得意だという、仕事以外の人間的魅力まで共有している社内の和にも感謝した出来事でした。

2章 チェーン展開に向かってチャレンジ

目標はラーメン屋のチェーン展開

魁力屋のウェブサイトをご覧いただくと、沿革として2005年6月の本店オープンから表記されています。『株式会社魁力屋』としてはその通りなのですが、私自身はその2年前から、準備期間としてラーメン屋をはじめていました。

最初の店は当時、東京で出店していた豚骨系ラーメンチェーンのフランチャイズでした。たまたま東京で食べたラーメンがおいしかったことから、すぐに本部に掛け合い、フランチャイズに加盟するという勢い余ったスタートでした。2003年4月、京都の四条烏丸に13・5坪の店をオープンしました。

ラーメンブームだったこともあり、当初はそこそこの売り上げでしたが、次第にお客様が減りはじめます。原因は素人がいきなりはじめてしまったため、安定した味での提供ができなかったことです。私の目標はラーメン屋のチェーン展開だったので、このままでは展開が難しいと考えました。

そのため、次の一手としてオリジナル店舗の開業を決意しました。最初の店から約1年後の2004年5月、河原町三条に『赤鬼らぁめん』をオープン。「京都ラーメンの店をやる」という目標のひとつを叶え、背脂醤油ラーメンという、今の魁力屋ラーメンの礎となるラーメンを生み出しました。ラーメンの開発にあたっては、熱狂的なラーメン好きの店長と、不眠不休で試作を繰り返したことが懐かしく思い出されます。

こだわり抜いてつくりあげたラーメンに加え、河原町という京都きっての繁華街という立地条件もあり、なかなかの売り上げを上げることができました。この店は成功といえたのですが、この先、このような好立地の物件をとり続けるのは難しい。関西地区の主要な繁華街では、好立地の物件に空きが出ることはめずらしく、出たとしても水面下で決まってしまうのが一般的です。チェーン展開を考えると、同じ業態でいくつもの店を出し続けられる可能性は少ないと考えました。

いずれは全国展開も視野に入れたい。そこまでチャレンジできるラーメンチェーンを、どのように展開していけばいいのか。赤鬼の営業に追われながら、次の出方を模索する日々が続きました。

「広い駐車場のあるロードサイドのラーメン店」に決めたものの……

チェーン展開に向けて模索している頃、隣の滋賀県にすごい勢いで店舗を拡大しているラーメン屋がありました。あの有名チェーン『来来亭』さんです。当時で30店舗ほど展開していたでしょうか。現在は200店舗を超える大チェーンです。

来来亭さんはロードサイドで広めの駐車場を備えた店ばかりで、年齢、性別を問わずに「おいしい」といわれるラーメンというコンセプトも魅力屋と同じです。「これだ!」と思った私は、来来亭さんを大先輩として参考にさせていただくことにしました。

さっそくロードサイド店をオープンするために居抜きで使える店舗を探していたところ、出会ったのが滋賀県、近江大橋の基幹道路沿いの物件。大手牛丼チェーンの跡地でした。

そのときは勢いでオープンしてしまったのですが、じつは来来亭さんの本拠地である滋賀県に、魁力屋の名前を付けたはじめての店を出してしまったのです。2005年4月のことでした。

結果から先に明かしますと、大失敗で終わったのがこの店です。今までの店は15~20坪程度、20席前後の店でした。30坪ものロードサイド店を回すのは、本当に大変なことでした。

オープンを迎えるまでの忙しく慌ただしい日々。やるべきことは山積みで、時間はあっという間に過ぎていき、思わぬトラブルも絶えない。心身共にきつくて、それでも夢を叶える手応えと楽しみに満ちていました。

ここまでは、フランチャイズ店や赤鬼でも経験していました。でも店の規模が変わると、すべてが大掛かりになる。それを痛感させられました。もちろん、覚悟はしていたつもりです。それにしても甘かった。あとから思えばそう反省するしかありません。ちょっとだけ大げさに表現するなら、開店から閉店まで途切れることのない行列。慣れないスタッフの連携はおぼつかなく、並んでお待ちいただいたお客様を、オーダー後も長時間お待たせする始末です。

手軽で素早く食べられることが売りのひとつのラーメン屋で行列させられ、やっと座ったと思ったら注文を取るのにも手間取っている。頼んだものがちゃんと来るのか、お客様が不安を感じていると案の定いつまでたっても料理が来ない。メニューによるとはいえ、あとに頼んだお客様が先に食事をはじめているのも納得いかない。

グループで来たのに、ひとりの食事だけが遅い。やっと来たと思ったらメニューの写真と商品が違っているし、ラーメンはぬるい。店員を呼んでもグズグズしているうえに、謝罪の言葉もまともに出ない。店に入ろうと思うからにはお腹が減っているわけですから、空腹も手伝ってイライラするのは当然のことです。

そんな気持ちで食べるラーメンや料理がおいしいでしょうか？　この店に来てよかった、また来たいと思うでしょうか？

しかもここは来来亭さんのお膝元。完全アウェイのよそ者店に「どんなもんか？」と足を運んだお客様に、クオリティの低い店が受け入れられるわけがない。そんなわけで、新店のものめずらしさが消える頃には、いつのぞいても閑古鳥が鳴いているような状態になってしまいました。

目論見と現実の差を埋めるために

近江大橋店は、物件に縁があり急遽チャレンジが決まった店。いわば実験店的な意味合いも含まれていました。実は同時期に、すでに魁力屋の本格的なオープン店として、京都郊外にオープンすることが決まっていました（修学院店）。本来なら実験店の様子を見て、問題点を検討してから次のオープン準備をはじめるべきだったのかもしれません。普通なら、そうするべきでしょう。

しかし、「これぞ」と思う物件とは〝縁〟がないと出会えません。まさしくいろいろな偶然が重なったこともあって、それは想い描いていたようないい立地の物件でした。見切り発車ともいうべきタイミングでしたが、私は本店となる次の店のオープンを決めました。この波を逃したくなかったのです。

喜びと落胆がジェットコースターのように訪れた近江大橋店のオープンから2カ月後に、修学院店が京都市左京区の東部に位置する北白川の地に誕生したのです。

修学院店をオープンするときは、近江大橋店がなぜうまく回らないのか、原因はある程度わかっていました。

まずは店が大きすぎたこと。これは出店前からの懸念事項のひとつでしたが、当時イケイケで突き進んでいた私は「なんとかなるだろう。なんとかしてみせる」の気持ちで押し切ってしまったのです。

近江大橋店のもうひとつの失敗要因は、メニューの種類が多すぎたこと。たくさんのお客様に喜んでいただきたいと思うあまり、メニューを絞りきれなかったのがまずかった。なんでもある中華定食屋のようになっていました。

全員がはじめて働く店です。スタッフの連携も、お客様への対応も、調理の手順も徹底できていないままでしたが、終日満席の慌ただしさ。席数は多すぎるし、メニューの数は膨大で、オーダーミスや調理のミスが絶えない。今思えば、これでうまくいくはずがありません。私の過剰な情熱と認識の甘さが招いた失敗でした。

対策として、修学院店ではメニューの数を減らし、徹底的に「ラーメン屋」として勝負を賭けることにしました。

研究に研究を重ねてきたラーメンには自信があります。きちんと自分たちのラーメンを出しているかぎり、魁力屋のラーメンのファンは増えていく。そう信じていました。

魁力屋本店となる修学院店のオープン日。近江大橋店と同じように、開店前からできた長蛇の列を見ながら「ここからが本当のスタートだ」と気を引き締める自分がいました。

梅雨空のもと並んでくださるお客様や、目の回るような忙しさのなか、笑顔で働いてくれるスタッフに感謝しつつ、2カ月前とはまた違う緊張感と高揚感に包まれていました。

いよいよ本店オープン！

修学院店（後に「本店」に改名）のオープンは、２００５年6月。それから毎日、無我夢中で店を開けているうちに、魁力屋のラーメンを好きになってくださるお客様が増えていきました。「新店オープン」の言葉が外れる時期になっても新規のお客様は絶えることなく、リピーターのお客様も次々と生まれて通ってくださいます。

修学院店のある一乗寺あたりは、京都ラーメンの激戦区です。県外から食べに来たり、開店前から、もしくは1時間以上並んでも食べたいといわれるような名店が数多く揃っています。そんな場所で勝負できているのだから、私たちは幸せです。

ただし、同時に京都で勝負することの難しさも身に染みる日々でした。なによりも知名度と歴史が足りない。老舗が名を連ね、歴史を重んじる京都という地で、新参者がファンを獲得していくには時間が掛かります。新たに爆発的人気を巻き起こすことが困難な場所だといえるかもしれません。

そんな京都で売り上げはそこそこ安定し、本店の経営としては、まずまず成功。ラーメンの味、接客、メニュー、オペレーションなども、必要な修正は加えつつ、チェーン展開の足掛かりとして十分な体制が整ったと感じました。

次なる一手は京都の外へ

店での忙しさは目が回るようでしたが、とりあえず本店はうまく回転しはじめました。ほっとしつつも、チェーン展開するにはもっと繁盛させて大ブレイクしなければやっていけないと思っていました。

新店舗開業用の物件は常に探していました。本店が順調に回るようになると、不動産屋さんからの情報提供も増えていきました。その分、選択肢も広がり、慎重に考え、先を見据えた展開が必要になります。

それと同時に、物件との出会いというのはタイミングが命の部分もあります。立地は店が成功するか失敗するかに大きく関わってくるため、物件選びは本当に重要なのです。

現在の株式会社魁力屋には、物件選びから店舗設計までを専門に担当する部署がありますが、当時は当然、私が一から物件選びをしていました。

そうして翌2006年に出店したのが大阪・箕面《みのお》と、兵庫・宝塚です。先にお話ししたように、最初に県外に出た滋賀の場合は、たまたまよい物件に出会ったということで出店しました。けれど今度は、明確な意図をもって、京都ではなく近隣府県を選びました。それは、京都で魁力屋の名を知れ渡らせるには時間が掛かると判断したこともありますが、歴史や知名度に関係なく、魁力屋のスタイルそのもので勝負してみたかったからです。

その決断は間違ってはいませんでした。今に至る魁力屋の本格的な快進撃は、大阪、兵庫での大ブレイクからはじまったといえるでしょう。詳細は5章に述べますのでお楽しみに。

3章

目先の利益より 目の前のお客様を大切に

お客様は本当にありがたい

新規のお客様は、店にとってとても大切な存在です。数ある店のなかからこの店を選んでくださった。その出会いを「この店にしてよかった」と、喜んでいただけるものにする責任があります。

同時にリピーターのお客様というのは、店にとって特別な存在です。「この店が好きだ、また来たい」と公言してくださっているのですから。

それにしても、人気店とそうでない店は、どのように差がつくのでしょうか。ラーメン店であれば味に決まっている。そういう意見も多いでしょう。もちろん、味がよくなければ人を集めること、ましてやリピーターをつくることはできません。

そもそも味の好みというのは千差万別です。同じものを食べても、「世界でいちばんおいしい」と感じる人がいれば、「前に食べたあの店のほうが好きだな」と思う人もいます。

ある程度のレベルで「おいしい」「おいしくない」はあるにしても、百人が百人、「今まで食べたなかで、ここのラーメンがいちばん好きだ」というラーメンをつくるのは難しいはずです。

人気ラーメン店というのは、最初に食べたときに好きになってくださるお客様が多い店。「おいしい」と思う人が多いということですね。そのうえで「また来たい」と思われる店です。ファンが増えれば口コミ効果で新規のお客様も訪れます。

先に述べたとおり、魁力屋には他のラーメン店にはない「笑顔」と「元気」と「気くばり」があります。味とサービス、この両輪でお客様の心をつかんでいるものと自負しています。

とはいえ、私たちがどんなにこだわっておいしいラーメンをつくっても、死ぬ気で頑張っても、お客様が足を運んでくださらなければ店は成り立ちません。お客様がいるから私たちが働けるのであり、お客様がいるから魁力屋は存在できるのです。

あまりにも当たり前のことですが、何度でも言いたいこと。それが「お客様に喜んでいただく」の一言です。

私たちの仕事は、すべてがお客様のためにあります。「おいしい」「よい接客で感動した」「また家族や友達と来るよ」「ここのラーメンが大好き」……。そんな言葉はいつ聞いても、何度聞いてもうれしいもの。そのたびに「この仕事を選んでよかった！」と実感します。それはスタッフ全員に共通する想いでしょう。

正直に言って、飲食店の仕事は大変です。ラーメン屋の仕事は立ち仕事で体力も使います。混雑時にはとくに回転が早く、まさに目の回るような忙しさです。

それでも耐えられるのは、お客様の喜ぶ顔を直接見ることができるからです。お客様の感謝の声を、その場で聞くことができるからです。「ごちそうさま」「おいしかった」そして、「ありがとう」。

自然に出てくるこの言葉は、お客様の本心だと感じられます。魁力屋に来てよかったと思っていただける。それを言葉にして返していただける喜び。

どんな仕事にもいい面と厳しい面があります。私は、お客様と直に接することのできるこの仕事が大好きです。お客様を日々、身近に感じることができる、そのことが疲れも苦労も吹き飛ばしてくれます。

厳しさがあるから、喜びがある。そのなかでこそ自分自身の成長を実感でき、本物の自信が育つのだと思います。そういう意味では、新店のオープンはお客様のありがたさを実感し、同時に自分の成長を感じられるチャンスだといえます。

はじめての店に足を運び、長蛇の列に並んで待ってくださるお客様。一日中途切れることのない忙しさのなかで、誰もが最初は目の前のことに精一杯で視野も狭くなります。「もう無理だ」「しんどい」と思うこともあるでしょう。

でも目の前にお客様がいらっしゃるのだから、やるしかない。やっていれば「おいしかった」「また来るよ」というお客様の声に触れられる。ただそれを励みに精一杯仕事をしているうちに、いつの間にか周囲を見回す余裕ができてきます。

そして、一緒に働いている仲間と共に、お客様のことを第一に考え、よりよいサービスを提供する。そんな気くばりができるようになっている自分がいることに気づきます。

それが、まさにひとつの山を乗り越えたということです。新店オープンに立ち会ったスタッフは、みんな顔つきが変わります。自信が表情や態度に表れます。イキイキとして、実に「いい顔」になるのです。そんなスタッフの成長の証を見るたびに、私も負けずに頑張らないと、と気持ちが新たになり、気合も入ります。

心震えるような感動が毎日起きている

お客様と気持ちが通じ合い、心震えるような感動をいただく出来事が、魁力屋では毎日のように起きています。

☆スタッフの他店舗異動についてきてくださるお客様

ある店で、いつも言葉を交わす店長がいないことに気づいたお客様から、「今日は店長はお休み?」と聞かれたそうです。転勤して他の店に勤務していることをお伝えすると、大変がっかりしたご様子。しばらくして当の店長から驚きの報告が!

以前の店からはかなり距離がある店に異動したのにもかかわらず、そのお客様がいつもご来店くださるというのです。

「店長のつくるラーメンが食べたいから」

そんな言葉を聞いたら、感動して涙が出てしまいますよね。本当にありがたいことです。

実は、こういった話はひとつやふたつではなく、よく耳にします。私が知らない例もあるかもしれません。これだけお客様に愛されている店員がいることは、私たちにとって誇りでもあります。

☆スタッフの昇格を一緒に喜んでくださるお客様

魁力屋のステップアップの仕組みははっきりしています。名札の色を見れば、一目で役職がわかるようになっています。

常連のお客様はそれをご存じで、顔見知りのスタッフがレベルアップして名札の色が変わると、「頑張ってるね」「おめでとう」などとお声掛けしてくださるのです。

その他にも、「今日も○○さんに元気をもらいに来たよ」「この前はお休みで会えなかったから、今日は会えてうれしかった」などと、あたたかいお言葉を掛けてくださいます。そのことがスタッフにもたらす幸せと充実感は計り知れません。

アンケートは宝の山

「客がなんと言おうが、自分は自分のラーメンを極める。好きと思う客だけ来てくればいい」そういう店があります。頑固親父の店などと呼ばれながら繁盛して、行列のできている店も少なくありません。でも魁力屋はそういう店ではありません。

お客様第一の魁力屋にとって、日々のお客様のお言葉が未来への指針になります。だからアンケートにご記入いただくことがとても大切で、ありがたいことです。

アンケートがなければ、計器を見ずに飛行機を飛ばしているようなもの。どうしていいか不安になってしまいます。

アンケートに書かれた厳しい言葉はたいへんありがたいものです。人間ですから、いただくのであればお褒めの言葉、感謝の言葉がうれしいに決まっています。

お子さんからご年配の方までたくさんの
ご意見ありがとうございます！

そのうれしさは、スタッフ全員に元気をくれます。最大のモチベーションになります。

けれど残念ながら、私たちはすべてのお客様に100%満足いただいているわけではありません。時にはミスをしたり、心遣いが足りなかったり、ちょっと気が緩んでお客様への目くばりができていなかったり。そういうことを完全に防ぐことはできません。

もちろん、スタッフ同士が注意し合い、声を掛け合って気づくようにしていますが、お客様に不便や不快な思いを抱かせてしまうことがあります。そんなときこそ、アンケートにお書きいただきたいと願っています。

1カ月分のアンケートをテーブルの上に集めると、山のようになります。そのほとんどがお褒めの言葉です。そしてたまに、ご意見やお申し出などが見られます。

そのすべてが私たちの宝。元気、喜び、モチベーションをいただき、また、改善点や気をつけるべき点を教えてくれる。テーブルの上に積み重なるのは、なによりも貴重な宝の山です。

4章

スタッフが
いつでも輝いているラーメン屋

店はステージ、お客様は観客、スタッフは役者

飲食業界は、いつでもどこでも人手不足です。「スタッフが足りない」が日常化しています。こんなに素晴らしい仕事なのになぜと思うと同時に、これだけ大変なのだから仕方ないだろうと思いますが、どんな仕事にも大変なことはあるはずです。

私たちの仕事は、その大変さがそのまま喜びややりがいに結びつく仕事です。忙しかった分、必ず自分の成長を実感できます。しかも、頑張ったことがいつか、どこかで報われるのではなく、今、目の前でダイレクトな反応になって返ってきます。

昇給するというのも頑張った成果であり、うれしいことでしょう。けれど、お客様から直接お声掛けいただく「ありがとう」「おいしかった」「また来るよ」に勝るご褒美があるでしょうか。

お客様の笑顔を見られること、しょっちゅう足を運んでくださって顔見知りになり、言葉を交わすうれしさ。それは、厳しい仕事を心を込めて頑張ったからこそ出会える喜びなのだと思います。

魅力屋のアンケートには「輝いているスタッフ」という項目があります。お客様から見て頑張っているな、イキイキしているなと思われるスタッフの名前を書いていただきます。そこに自分の名前が書かれていたときの感動といったら。「また○○さんに会いに来ます」と書かれていたら（3章の最後でも紹介したように、実際にそういうことがよくあります）。

本当にうれしくて、もっともっと頑張ろうという気持ちになると、スタッフの誰もが言います。今まで知らなかった方に、自分自身を認めていただくのです。そんな気持ちを一度味わったら、病みつきになってしまいます。もう他の仕事には就けないいんじゃないかとさえ思います。

私は折をみてスタッフに言っています。「店は舞台、君たちはそこに立って観客を楽しませる役者」だと。どんな演出をするのか、どんな演技をするのかは、店の社員やアルバイトスタッフがそれぞれの立場で考え、自主的に行なうことです。

魅力屋劇場に足を運んでくださったお客様に、どのくらい感動を届けられるか。期待に対して、それ以上の手応えがあるときに人は心を動かされます。いい意味で期待を裏切る演者であってほしいですね。

だから、未経験者大歓迎

魅力屋では、社員もアルバイトも、スタッフはすべて未経験者大歓迎です。「今なにができるか」ではなく、「どう成長していくか」「どうなりたいのか」が重要です。もちろん、年齢も学歴も、器用かどうかも関係ありません。ウェブサイトでも、求人広告でも目立ってほしいのは「未経験者大歓迎」の文字。

社員に応募してくる人のなかには、ラーメン屋での経験を売りにしてくる人もいます。店舗が増えた今では、有名ラーメンチェーンの経験者はひととおり面接したのではないかと思うくらいです。経験者が悪いわけではありません。忙しさを知っている心強さがあり、実際即戦力にもなります。

ただし、これまでの経験を引きずっている場合は難しいこともあります。自分よりもずっと年下の店長に注意されることもあるでしょう。

先輩格の学生アルバイトに注意されても、素直に従えるか。今までのやり方や経験をひけらかしたり、魁力屋のやり方から外れて自分がいいと思うやり方を押し通したりしないか。そういう点では、未経験者よりも魁力屋の仕事の覚えが悪いこともあり得ます。

これまでお伝えしてきたとおり、私たちの店は、いわゆる「普通のラーメン屋」とはかなり違う部分があります。とくに接客は、差別化がはかれる欠かせない要素であり、魁力屋の心でもあります。けれど、他のラーメン屋で働いてきた人にとっては、無駄だと思うことも多いはずです。

元気で素直で向上心がある。人と接するのが好きで、人への思いやりがある。私たちが一緒に働きたいのはそんな人です。一言で言うと、〝人間力のある人〟でしょうか。

ラーメンがつくれて仕事が早くて、器用になんでもこなす人であっても、素直でなければ、思いやりがなければ、魅力屋の仲間として心ひとつに店を盛り上げていくことはできません。

ラーメンのこと、飲食業のことをなにも知らない。それで大丈夫です。むしろ白紙ならではの強みがあります。今は人と接することが苦手だとしても、そんな自分を変えたいという気持ちで頑張る人なら、ぜひ仲間になりたいです。

ラーメン屋がはじめての人は、入店してまずその忙しさに驚くことでしょう。「いらっしゃいませ！」「ありがとうございます！」といった大声が飛び交い、あちこちのお客様から呼ばれ続け、厨房ではまるでスポーツの真剣勝負のように注文の品をつくっている。それを運び、空いたテーブルを片付けていると、もう次のお客様が待っている。

慣れるまでは正直、なにがなんだかわからないままに指示されたことをこなすのがやっとかもしれません。間違えることも多いでしょう。緊張してミスをしてしまうこともあるでしょう。でも、誰もが通ってきた道です。

ときに先輩は、「このままでは失敗するな」と思いながらも、片目をつぶってそのまま任せることがあります。

自分で考えて動くことを重要と考える魅力屋では、失敗やミスは責められることではありません。大切なのはその際の対応や、その後への生かし方。人の言うままに動いて失敗の責任を回避するのではなく、自分で考えて動き、そこからいろいろなことを学んでほしいと思っています。

本当の仲間ができる職場

正直、仕事に慣れる前に辞めてしまう人もいます。忙しさについていけないと思うのか、厳しい注意を受けて心が折れてしまうのか。今は家でも学校でも、厳しく怒られるということが少なくなっているようです。大声で叱られたり、きつめの言葉で注意されたりすると、必要以上に気にして落ち込んでしまう人が少なくありません。

魅力屋での仕事にかぎらず、日常的に心が折れやすい人も増えているようです。

特に接客業では、現場でもまれることが欠かせないのですが、もまれることに耐えられない人もいます。

せっかく勇気を出して応募し、時間をかけて面接に来て、先輩スタッフとの出会いを得たのにもったいないな、と思います。でも仕方ないことですね。そこで「大変だけど頑張って仕事を覚えて戦力になろう」「早くお客様に喜んでもらえるスタッフになろう」と思える人が、心強い仲間になれて互いに支え合える人です。

本当にめずらしいことですが、ときにはどうやって注意してもなおらないことがあったりして、店長によっては「今日はもう帰ってよく考えてみて」と、仕事の途中で帰ってもらうこともあります。それでも、きちんと考えて反省して戻ってくる人はいます。そういう人は必ず伸びるものです。

情熱をもって本気で働いてくれるスタッフには、本気で向き合うのが私たちのやり方です。上下は関係なく、すべてのスタッフは仲間。だからこそ駄目なときは本気で叱ります。そして、いかによくしていくかを、みんなで考えます。

よいことは思い切り讃え合い、分かち合う。うれしいこと、嫌なことも共感する。たとえ意見や考えが違っても、相手の気持ちを理解しよう、共感しようとする。本気のぶつかり合いがあり、その熱さを大切にしています。

今は、そういう体育会系のようなノリを暑苦しいと感じる人がいることもわかっています。体育会系というと、上下関係が厳しいというイメージで受け取られることもあるかもしれません。

魁力屋にとっての体育会系とは、仲間同士が全力でひとつの目標を追いかけるという意味です。事情があって魁力屋を卒業したスタッフが、もう一度、本気で働きたいと思うなら喜んで受け入れます。「卒業したらそれきり」という付き合いではないのです。

一度きりの人生、迷ったり寄り道をしたりすることもあるはず。そういう仲間の気持ちを受け入れ、理解し、いつだって寄り添いたいと思っています。

お客様との出会いが、すべてかけがえのないものであるように、スタッフ同士の出会いも財産となり得るものです。

だからこそ、すべての出会いを生かしたい。店というステージで切磋琢磨する仲間の存在は、とてつもなく大きなものです。私自身、周囲の人々との出会いがあったから、支えてもらったから今があります。

名札の色のヒミツ

魅力屋のスタッフは、左胸に名札をつけています。これはどの飲食店でも見る光景ですね。魅力屋が他と違う（と思われる）のは、名札を見れば、そのスタッフの役職がわかるということです。名前の上についているカラーが、その目印です。

「白→水色→緑→青→黄→赤→黒」

と進んでいきます。学生時代に柔道に打ち込んでいた店長の発案で、柔道の帯と同じように昇格していく仕組み。黒帯がトップレベルというわけです。

なんのためにそんなことをしているのか。スタッフ同士が切磋琢磨して、ステップアップしていってほしいという願いがあるからです。

「あいつ頑張っているな」「負けずに頑張るぞ」、そんな、いい意味でのライバル心をもって仕事をしてほしい。昇格したスタッフがいれば、皆で「すごいな」「頑張ったな」と声を掛けあい、「○○さんみたいになれるように」と目標にしてほしい。目標にされるスタッフは、もっともっと自分を磨くと同時に、後輩に身をもって教えてほしい。だから、レベルが一目瞭然になるように色をつけているのです。

経験やその他の要素は関係なく、本人が身につけたスキルに対して毎月、店長による査定があります。昇格したスタッフは全店に通知されるので、それも励みになるといわれています。

1年に1店舗の新規オープンといったペースであれば、過剰な競争心が生まれてしまうことも考えられますが、店舗数はどんどん増えていますので、店長をはじめとするスタッフは常に必要です。情熱をもって頑張るスタッフにはチャンスがある。それも、いいライバル心を生み、モチベーションになっているようです。

「この店でバイトがしたい」＝「この店で食べたい」

ここまでおもに社員の話をしてきましたが、多くの飲食店と同じように、魁力屋にもアルバイトスタッフの存在が欠かせません。

そんなアルバイトたちが、どのようにして応募してくると思いますか？

求人情報誌や自社のウェブサイトはもちろんですが、先輩や友人の紹介が多いのもうれしいことです。自分が働いている店が好きだから、魁力屋でのアルバイトに情熱を感じてくれているからこそ、知人を誘ってくれるのですから。

常連のお客様が「自分の子どもを働かせたい」と言ってくださるのもうれしいですね。実際、常連さんの紹介という人もいます。また、いつも行列しているのを見てとか、本人がよく食べにきてくれていたなど。

私だって自分が働くとしたら、人気のない、自分が食べようと思わないラーメン屋で働こうとは思いません。あまり忙しい店は敬遠されるのか、大繁盛店よりは、そこそこの繁盛店のほうが応募が多かったりしますが、どちらにしても応募者のなかには、すでに魅力屋のファンだという人が少なくありません。

ちなみに、アルバイトの時給に関しても、社員と同じように地域一番を意識した設定にしています。いい人材を集めるためには、それなりの待遇を用意する必要があるからです。もちろん、時給が高いぶん求めるものも大きくなりますが、私たちの心意気に情熱で応えてくれる人材に来てほしいのです。

とはいえ、ラーメン屋の仕事ができる人に来てほしいということではありません。社員同様、アルバイトスタッフも初心者、未経験者大歓迎です。なにができるかではなく、これからどうしていきたいか。そのためにどんな努力をするか。それがすべてです。

引っ込み思案で人と話すのが苦手、という人が応募してきたこともありました。とくにアルバイトスタッフの仕事は接客ですから、そういう人では難しいと思われるかもしれませんが、引っ込み思案の自分を変えたい、明るく元気よく人に接することができるようになりたい、そう思って魅力屋に来てくれたのなら大歓迎です。

4章

声が小さく、挨拶もはっきりできなかった子が、卒業のときに明るく元気にはきはきしていたとしたら、その子の人生もきっと変わることでしょう。アルバイトスタッフ自身からの「就活に役立つ」とか「成長が実感できる」という声も聞きます。縁あって出会った仲間として、とてもうれしいことです。

日々の接客実務においては、アルバイトスタッフと社員に垣根はありませんし、毎朝の「元気礼」（6章に書きますが、朝礼のことです）にももちろん、アルバイトスタッフも参加してもらっています。

足を運んでくださったお客様を裏切らない。それは当たり前のこと。同じように、応募してくれたスタッフも裏切らない。もっともっと輝きを増してもらいたい。スタッフ募集に関しては、毎回真摯な気持ちで臨んでいます。

魁力屋のアルバイト経験が生きる自信に――アルバイト卒業生の声

アルバイトスタッフなしでは、店を通常通りに営業することはできません。同じ仲間として社員、アルバイトの垣根なく誕生日を祝ったり、仲よくなったスタッフ同士で休日に出掛けたり。共に協力し合いながら、お客様に愛される店づくりをめざしています。

そのなかで魁力屋で働くことのやりがいを感じてくれていると信じています。

学校の卒業などでアルバイトを辞めるとき、最終日には涙、涙になることも少なくありません。アルバイト中に苦労したこと、大変だったこと、楽しかったこと、うれしかったこと……あらゆる思い出が胸をよぎるのでしょう。

かけがえのない仲間と出会い、濃密な時間を過ごした。その貴重な経験が、すべての卒業生、魁力屋に関わってくださった人々のこれからに、少しでも役立つことができたら、これ以上の幸せはありません。

ここで、アルバイトスタッフの頑張りと、魁力屋の絆の証ともいえる3人の卒業生が寄せてくれた声を紹介したいと思います。最後にそれぞれ魁力屋のアルバイトで感じたことを一言書き添えてもらいました。

☆笑顔の大切さ、人を信じて頼ることの強さを知りました

保育士（女性）

部活を引退し、アルバイトを探していた頃に友達に誘われ、もともとラーメンが好きだったことから魁力屋にお世話になることに。それから2年半。長かったようであっという間でした。悔しかったこと、うれしかったこと、私にとってどれも素敵な思い出です。

負けず嫌いな私にとってレジ&案内というポジションだけは、とても手強い敵でした。ひとりでなんとかしようとしてしまい、まわりを頼らずに進めてしまうので、結局うまく回すことができず悔し泣きの日々でした（笑）。

まわりのスタッフは、「全然大丈夫！」などと声を掛けてフォローしてくれます。

それでも自分のなかで納得がいかずに悔しくて泣いてしまい、迷惑をかけてしまうことが多々ありました。

もちろん楽しかったこと、うれしかった思い出はたくさんありますが、悔し泣きをしたあとでうまくできたとき、すごくやりがいを感じることができました。その瞬間がいちばん印象に残っています。

悔し泣きのあともそうですが、自分が成長したと感じることができたとき、そして評価してもらえたときは、本当にうれしかったですね。

はじめてのアルバイトで経験ゼロからの私が、オーダーを取り、ラーメンを運び、レジ&案内をし、お客様が笑顔になってくれたときの達成感は確かな自信に。そうしてひとつひとつができるようになるにつれ、もっともっとモチベーションが上がっていきました。

また高校、大学とは別の友達ができましたし、年齢の異なるスタッフとの他愛もない会話や、普段の何気ない日々がとても楽しかったです。

私はアルバイトの経験から、貴重なことをたくさん学んだと思っています。

まず、笑顔の大切さ。そして困ったときは、まわりを信じて頼ること。

今の私は、どんな状況でも笑顔でいれば乗り切ることができると思っています。そして本当に駄目になりそうなときは、自分で進んでいくのではなく、まわりを頼ることが本当の強さだということを学ぶことができました。

保育士としてまず、笑顔で人と接することができなければ信頼関係を築くことができず、つまらない日々になってしまうでしょう。これからも笑顔を大切に「一日一笑」を心がけて過ごしていきます。

魁力屋のみなさんに出会えたことを、とてもうれしく思います。前まで当たり前のように会っていたのに、今となってはなかなか会えず寂しいです。いつでも会いに行くので呼んでください。みんな大好きです。本当にありがとうございました。

○魁力屋でのアルバイトを一言で表現すると？……『喜怒哀楽』

☆すべてのことが大変で楽しかった

教師（男性）

現在、地元に帰り社会人としての日々を送っていますが、魁力屋の基本でもある「笑顔と元気と気くばり」は生かせています。

人と人との関わり方は、魁力屋でのアルバイト経験がとても生きていると感じています。

正直、最初は大変で、辞めたいと何度も思いましたが、振り返ると辞めなくてよかったと思います。辛くても続けてよかった。とにかく達成感がすごいです。必ず、自分の財産と自信になります。この本の読者の方で、今、魁力屋のアルバイトを辞めようか迷っている方がいたら（笑）、無理に続けろとは言いませんが……できるかぎり長く続けてほしいです。

私の場合、なにがそんなに大変だったかというと、すべてのことです。はじめてのことは、たいてい失敗からはじまったと思います。

アルバイト自体がはじめてでしたので、最初は「いらっしゃいませ」「ありがとうございました」さえ、なかなか言えないほどでした。オーダーを取りはじめてもミスの連続で、お客様や社員、アルバイトスタッフにも迷惑をかけました。

他にもデシャップ（商品提供）、レジ、案内、焼き場、すべてにおいて失敗の連続で、とにかく毎日が大変でした。

そんなわけで、仕事に慣れるまでは楽しいことは一切ありませんでしたが、だんだん仕事に慣れてきてある程度お店のことがわかってくると、今度は働くのが楽しくなってきました。スタッフ同士で連携を取り合って、ピーク時のお店を回しているときの充実感は格別でした。

そして、最後の出勤日のこと。店長にわがままを聞いてもらい、私と一緒に卒業するメンバーの3人で同じシフトを組んでもらって出勤しました。あっという間の時間でしたが、最高に楽しく働くことができました。

○魅力屋でのアルバイトの日々を一言で表現すると？……『続けることに意味がある』

☆アルバイトでも手は抜けない、その自覚が私を成長させてくれました

証券会社勤務（女性）

いつも行列ができている家の近くのラーメン屋さん。なんだか気になっていて、そんな単純な理由からアルバイト先に選びました。

働きはじめて、人気の理由はすぐわかりましたが、それが私にとっては難しいことでした。ただラーメンを提供するのではなく、そこに気くばりをプラスして提供すること。付加価値の提供を常に意識していたところです。

たとえば普通の飲食店ですと、お客様が店員を呼んで商品を注文しますが、魁力屋ではお客様に呼ばれる前に店員がタイミングを見計らって自らお客様にお声掛けします。

お客様のテーブルのお冷やティッシュなどがなくなると、お客様から言われる前にスタッフが気づき、提供することが魁力屋では当たり前でした。

私は3年間、魁力屋で働かせていただきましたが、何年経験してもお客様への気くばりにはゴールがなく、一日何百人とお客様のご来店がある中で、そのお客

様一人ひとりに合った接客をすることがとても難しく、大変なことでした。

そしてもうひとつ難しかったのが、スタッフ間のコミュニケーションです。平日のお昼もそうですが、特に休日になると行列が途切れることなく、たくさんのお客様のご来店があります。そんな状況では、ひとりのスタッフだけが張り切って頑張ってもお店を回すことができません。社員さんもアルバイトも関係なく、みんなで声を掛け合いながら営業をしています。

しかし、接客をしているうちに忙しさにのみこまれて、自分自身に余裕がなくなってくると、まわりを見る余裕は一切なくなってしまうことがありました。そこで自分が他のスタッフに求めていることがうまく合致せず、伝え方によっては誤解が生じて、すれ違いにつながることが何度もありました。

みんなが本気で仕事に取り組むからこそ生じてしまうすれ違いだったので、自分が作業に追われたときでも、いったん落ち着いてまわりを見て、声を掛け合ってコミュニケーションを取ることが必要でした。忙しさのなかでの連携、これが思っている以上に難しく大変でした。

また、大学のテスト後で疲れたからアルバイトで手を抜こう、接客は適当に、というのは通用しません。私にとってはたくさんのお客様の中のひとりかもしれないですが、そのお客様にとっては私の接客が魁力屋のイメージに直結してしまいます。

そのため、一度シフトインしたら気を抜かずに、全力で取り組むことが要求される。その真剣勝負なところも、やりがいはありますが、とても大変なことでもありました。

でも、失敗したことも大変だったことも、すべて貴重な体験だったと思えます。そのなかで、魁力屋のアルバイトには、とくにすすめたくなるいいところがあります。

社員さんとアルバイトの距離が近く、とても仲よしなのです。しかし仲がよいからといってダラダラと営業するのではなく、常にメリハリがあり、営業中は全員が全力で仕事に取り組みます。全力で営業に取り組むからこそ、目標としていた売り上げを達成したときや、すごく忙しい休日の営業を終えたときに、みんなで達成感を味わうことができました。

営業を終えたあとは、社員さんとアルバイトが仕事の話だけでなく、プライベートな話も、笑いながらしていました。

魅力屋を卒業し就職したあと、店長と社員さんが飲みに誘ってくださり、今の私の仕事の悩みを聞いてくださったことがあります。魅力屋を卒業したあとも、社会人の先輩としていろいろとアドバイスいただけたことがとてもうれしく、印象に残っています。

今の日々の仕事にも、魅力屋で学んだことが生きています。とくに、気くばり、日々全力、大きな声で常に元気でいることです。

新規の飛び込み営業は、いつお取引をいただけるのか、いつになったら決裁権のある方とお会いさせていただけるかわからない仕事なので、心折れることなく、常に日々全力で取り組むことが要求されます。

また証券会社の取り扱う商品は、どこの会社もだいたい同じで、商品力というよりも営業員次第でお取引をいただけるかどうかが決まってきます。

他社の営業員よりも一歩先を行くためには、商品をくわしく説明できることよりも、お客様への気遣い、気くばりができるかどうか、常に笑顔で営業できるかどうかが重要になってくると思います。魅力屋での経験があれば、その点は負けない、と自信をもって言えるのです。

最後に一言、一緒に働いていたみんな、またカラオケに行こう！（笑）

○魅力屋でのアルバイトの日々を一言で表現すると？……『日々全力』

5章

拡大し続ける魅力屋ネットワークの秘密

挑戦的かつ着実に店舗を増やす

本店が軌道に乗り、具体的にチェーン化を考えたときから、私の心のなかには、まず100店舗というところまでの目標が定まっていました。それには、最初からその規模に耐えられるルールやシステムづくりをしなければならないと考えました。

最初から100店舗というのは大きな目標かもしれません。しかし、めざす場所がわかっていなければ進むことはできません。

なにより大きな目標に挑戦することが好きな私にとって、目標は大きければ大きいほど燃えます。大きな目標をめざすときほど、勇気が湧きますし、わくわくするのです。

ちなみに魁力屋では、店内のレイアウトをできるだけフォーマット化しています。それは、新店オープン時などスタッフ同士が他の店をサポートするときに、スムーズに仕事ができるようにするためです。

個々の店の条件や事情はありますが、厨房とカウンターとホール、レジなどの位置関係や、什器の置き方などの配置は基本的には揃えています。

お客様にとっても、スタッフの元気さ、気くばりにプラスして、店の外観や店内のレイアウトを揃えることで魅力屋らしさを感じていただけるようにしたいと考えています。スタッフの働きやすさと同時に安心感につながっている、この戦略はよかったと思っています。

本店出店の1年後、2006年6月に大阪箕面《みのお》店を出店。同年9月には兵庫に進出し宝塚店をオープンしました。

どちらも開店から閉店まで行列が絶えないほどの好評をいただき、宝塚店では1カ月で過去最高の16000人ものお客様にお越しいただいたのです。

「目の回るような」とか「息つく暇もない」といった表現が、比喩ではなく現実でした。

これぞうれしい悲鳴……なのですが、さすがに体がもたないということで、特例的に週に1日の定休日を設けていた時期もあったほどです。

真っ赤な看板、誕生

今ではおなじみになった（と思っている）魁力屋の看板（口絵）。真っ赤な地に白い文字で「京都北白川　ラーメン魁力屋」という文字が入り、そのあとに小さく店舗名が入るのが基本です。

この看板が完成したのが、箕面店でのことでした。よく「赤と白だけのところが潔い」と言われるのですが、本店オープン時の看板は、赤に黄色のラインが入り北白川の文字もありませんでした。

全国展開するにあたり、京都発祥のラーメンとしてアピールしたいことはなにか。京都ラーメンでは当たり前すぎるような、なんだか曖昧なような気がする。背脂醤油ラーメンでいくか。それは他でもけっこう見かける。いろいろ考えているうちに、本店の地名から「北白川」がふと浮かびました。

京都以外の人にとっては、それこそどこなのかよくわからないし、どんなラーメンなのかも想像できない。そんなミステリアスさがなんだかいいような気がしたのです。

看板ではあえてくわしく説明しない。文字に黒い縁取りをつけるかどうかの議論もありましたが、潔くシンプルに、赤と白だけでいきたいと思いました。

看板や店舗専門のデザイナーに依頼するチェーン店も多いのかもしれませんが、この看板は、ほぼ私と数人のスタッフで決めたものです。

店舗の間口の問題などで、看板に文字があまり入れられないときは「ラーメン」の文字が第一優先です。魁力屋はロードサイド店が中心なので、遠くから見てなんの店だかわかることが大切だと考えたからです。

また、魁力屋ではオープン時でも広告を出したり、チラシを配ったりすることはほとんどありません。宣伝という意味では、ドーンと目立つ看板とお客様の口コミだけ。となると、口コミのもととなる看板は非常に大切です。

お客様が店に来る際には、〝目的来店〟と〝衝動来店〟があります。ラーメン店は本来、衝動来店の店。もちろん魁力屋に行こうと決めて、楽しみにいらしてくださるのはとてもうれしいことです。

5
章

けれど、衝動来店のお客様に選ばれなければ、ラーメン店としては一人前ではありません。お客様も広がっていかないでしょう。その衝動来店で選ばれるためにも、看板というのは重要な役割を果たしてくれます。

車を運転しながら「腹減ったな。なにを食べようかな」と周囲を見渡しているドライバーに、この店に来れば「ラーメンが食べられる」ことを訴えるのです。「いつも行列しているな」と思って見ているドライバーに、赤と白のシンプルな看板で忘れられない印象、次に通りがかったときに他の店と間違えられない強いイメージを残したいのです。

箕面店、宝塚店の記録的盛況とその後の大ブレイクが、この看板のおかげだったかどうかはわかりません。けれど、それ以来、魁力屋はこの看板一筋です。この看板が地域に十分浸透して、赤地に白抜き文字の組み合わせを見たら「魁力屋のラーメンが食べたい」と思ってもらえるほどになったらうれしいですね（笑）。

全国展開を視野に入れ関東進出

関西地方で出店を重ね、地盤ができた2009年、満を持して関東への進出をめざしました。スタッフは全員関西出身。土地勘も人脈もないなかで、必死で店舗候補を探しました。

当時、関西では魁力屋といえば少しは知られる存在になっていましたが、関東ではまったくの無名。ラーメンにしても、「京都ラーメン」ではなく「京風ラーメン」のほうが知られていたのではないかと思います。

関東のお客様に受け入れていただけるのか、そもそも無事オープンできるのか。そういう不安がなかったといえばウソになりますが、それよりも、本物の京都ラーメンを多くの方に知っていただきたい。その気持ちのほうが強かったことを覚えています。

スタッフたちも、店探しや各方面への調整のために関東出張を繰り返しながら、魅力屋の味と心を届けようと、夢中で頑張ってくれました。

関東への進出には、これまでの出店とは違った意味合いがありました。ここから全国チェーンへの道のりがはじまるからです。関西にいる間は、店舗数を増やすといっても地元感覚。ラーメン激戦区での戦いですから決して容易ではありませんが、それでも土地勘があり、広い意味ではホーム内での戦いでした。

それがまったくアウェイで、しかも関東です。魅力屋にとって、はじめての孤独な戦いです。関東の不動産業者や地主さんにとって、名前も聞いたことのない関西のラーメン屋は歓迎すべき存在ではありません。

人気がある立地ほど、他にも借り手候補がいます。条件のよい店舗、借りたいと思える店舗の情報を集めるだけでも大変なことでした。

はじめて具体的な話にまで進んだのは、横浜市とはいっても切り拓かれた山の中を通る1本道といった感じの、中原街道沿いの店でした。私たち関西の人間にとっては、横浜のイメージとはあまりにも遠く、聞いたこともない地名です。

店舗開発を担当するスタッフと同行すると、飲食チェーンなら、ここは出店しない立地だと言われました。とにかく人が歩いていません。交通量も、それほど多いとは感じられません。近くにニュータウンがあるとはいうものの、この場所で、本当にお客様が集まるのか。確かに不安もありました。

でも、こういうのが縁というものでしょうか。不動産業者さんの立ち合いのもと現地に赴くと、裏に大家さんがいらっしゃるといいます。せっかくだから、会うだけでも会ってみようということになりました。

大家さんと話しているうちに、私は「今ここで即決します。どうかこの場所を魅力屋にお貸しください！」と願い出ていたのです。

その場所には、すでに手を挙げている候補が複数いたと聞いています。飲食店だけでなく物販店なども含まれていたようです。大家さんにとっては選び放題の状態でした。それでも、その場で社長自らが頭を下げたのははじめてだとのことでOKしてくださったのです。

これが、京都に帰って会議をして決めるということであれば、他の候補者に決まっていたことでしょう。大家さんも最終的には、「この場所から関東でも頑張って、魅力屋を広げていってね」というあたたかい応援の言葉をかけてくださり、契約書を交わしていただいたのでした。

信頼に値する実績で恩返しを

こうして関東1号店である都筑中原街道店が誕生。オープンのときは、とにかく大変な騒ぎでした。この山の中の、どこからこんなに人が集まってくるのかと不思議に思うくらいの行列が続きます。

関西から十分なスタッフを連れて行ったつもりでしたが、その他にも店長たちが急遽、かわるがわるヘルプとして横浜まで来てくれました。それがなければ到底店が回りませんでした。このときの騒動は大家さんも驚きながら喜んでくれましたが、当時を知るスタッフの間では、今でも語り草になっています。

その後、神奈川から東京、千葉、埼玉へと出店を広げていって、今では協力的な不動産業者さんとのネットワークも築けています。それで、黙っていても条件のよい物件情報が集まってくるようになっています。「魁力屋に貸せば失敗しない」。そういう評価をいただいているのは、たいへんありがたいことです。

なかには、混雑時に店と隣接した自分の敷地をお客様の駐車場として提供してくださる大家さんや、手料理を差し入れてくれる大家さんまでいます。自分の店のようにあたたかく応援してくださり、友人を誘ってラーメンを食べに来てくださったり、サービス券をお渡ししたら「知人に配って回りたいから、サービス券を売ってよ」なんておっしゃっていただいたり。

私たちは本当によい縁に恵まれていると感じるのです。

お客様に喜んでいただくことはもちろんのこと、魅力屋の運営に関わってくれているすべての方々に、一緒に仕事をしてよかったと思っていただける店であり、会社でなければならないと考えています。

そのことも功を奏してか、現在営業中の店で1年を通じて赤字を出す店は1店舗もありません。ちなみに、オープンしたものの閉店になったという店は3店舗だけです。新規オープンした飲食店の約半数が2年以内に廃業するというデータもあるこの業界で、なかなか頑張っていると自画自賛しています。

マニュアルだけではできないチェーン店教育

オープンの際は、他店で十分な経験を積んだ社員が中心となって店を運営します。大勢のアルバイトを数人の社員が仕切るのではなく、しっかり仕事をこなせる社員のなかに、数人のアルバイトがいる形です。

そうすることで、社員の仕事ぶりを見たアルバイトは、自然に魁力屋の業務の進め方と、お客様への心遣いを身につけていきます。優秀な先輩スタッフに染まっていくことで、ルールを記したマニュアルからでは得られない魁力屋の心を、素直に受け継ぐことができます。

今では関東でも優秀なスタッフが育っていますが、関東進出当初は、出店のたびに関西からスタッフが配属になっていました。そのため、店内には関西弁で話すスタッフのほうが多くなります。

当初「関東では言葉遣いを直すべきか」という話し合いもありましたが、自分たちのありのままの言葉なのだからお客様を不快にさせることはないだろうということで、京都弁や関西弁のままでいくことになりました。

不動産探しの当初、関西だからと敬遠された私たちですが、お客様には接客言葉が新鮮なようで好評をいただいたのは興味深かったですね。なかには毎日長時間、夢中で働くうちに、関西出身でも普段は関西弁を使っていなかったアルバイトスタッフの口から自然と関西弁が出てきたりして盛り上がったことも。

こうしてアルバイトの教育は、マニュアルや言葉よりも、魁力屋イズムを共有するスタッフの働きぶりを通じて行なわれていきました。今改めて振り返ると、それこそが魁力屋イズムをいちばん正しく伝える手段だったと感じています。

新店のオープニングを手伝うスタッフにとっても、とてもよい経験になります。尋常ではない忙しさのなかで、それでもおいしいラーメンと質の高いサービスを提供し続けることは、スタッフが人間としてさらに大きく成長する絶好の経験になります。

しかも、やりきった充実感は新たな自信につながり、それぞれ自分の店に帰ってから誇らしく働く姿を見るのは本当にうれしいことです。

「のれん分け」で100人の社長を生み出したい

100人の社長を育てる。それは私にとって、ラーメン店を出店しはじめた頃からの目標のひとつでした。ラーメン屋ですからラーメン屋の社長を育てるわけで、そのための「のれん分け制度」は、ごく自然に構想がまとまりました。2017年9月現在、5人の独立オーナーが14店舗を経営しています。

ただし、独立オーナーといっても、魁力屋を名乗る以上、何でも好き放題にできるわけではありません。レシピはもちろん、メニューやサービスの質は魁力屋そのものでなければなりません。お客様にとっては、独立店だろうが直営店だろうが、魁力屋は魁力屋だからです。

それでは、独立オーナーになるメリットとはなんなのか。それは、稼いだお金が勤めている会社の財布に入るか、自分自身の会社の財布に入るかということです。頑張れば頑張った分が、そのまま自分自身の利益になるということです。

逆に、儲からなければ自分の給料が出ないという可能性もあります。赤字であっても、家賃や材料費、スタッフの人件費は自分で払わなければなりません。そういうリスクがあるのも確かです。

けれど、魅力屋の「のれん分け制度」は、失敗の可能性がかぎりなく低くなるように組まれています。独立店は、魅力屋の軌道に乗っている既存店が候補になります。しかも、魅力屋本部のスタッフが全面的にバックアップします。

独立すれば、毎日の売り上げが直接入ってきます。経費その他の支払いは1カ月後からなので、開業から資金が回っていきます。ノウハウはすべて魅力屋に用意されています。

あとは今までと同じように魅力屋の看板を背負って経営してくれればいい。直営店で頑張っていたときと同じように仕事をしていれば、失敗することはないのです。

5章

失敗しない「のれん分け」の条件とは

独立オーナーになる条件は３つです。自己資金２００万円を用意すること。自分のスタッフを２人以上集めること。社長になろうという人間が２００万円を用意できず、２人の協力も得られないのでは、たとえ独立オーナーになっても、うまく経営できないだろうと考えるからです。

この、自分のスタッフを２人連れてくることを「助さん角さん制度」と呼んでいます。黄門様と助さん、角さんのように、単なる職務としてではなく、心から店長をサポートする。そういうスタッフと共に店を盛り立ててほしいという願いを込めています。

ちなみに助さんと角さんの給料は、２人が仕事を覚えて店が軌道に乗るまで、魁力屋本部から支給されます。

そして３つめの条件が、魁力屋で3年以上働き、そのうち2年以上店長を務めていること。最低でも3年以上同じ釜の飯を食べた仲間ですから、信頼できる人間かどうかは、だいたいわかります。

オーナーになったとたんに店を人に任せて、自分は好き放題という人間には務まりません。自分の店だからといって魅力屋のルールやクオリティをおろそかにするような人間ではないことも見極めています。

これは条件として挙げるまでもないことですが、もっとも重要なのが本人の熱意です。

オーナーになるからには、年収1000万円以上をめざして頑張ってほしいし、そのために必要な準備が整っているかどうか、失敗を防ぐためにも、本人のためにも、しっかり自信をもって起業できる体制を整えています。

そもそも、なぜ100人の社長を育てたいと思ったのか、「のれん分け制度」は当初から視野に入れていたのか、と聞かれることがあります。

一言で説明するのは難しいのですが、私自身、せっかく生まれてきたからには、なにか自分の人生の軌跡を残したいという想いがあります。なにを残すのか。お金やものではありません。私を育ててくれた人々、支えてくれた人々に恩返しができるようなことがしたい。

そう考えたときに、「やっぱり夢をもって頑張る人への応援だな」と思ったのです。一国一城の主を育てる、応援する。私も育てられ応援されて夢を叶えてきたのですから。

ひとりでも多くの人に、人生に手応えを感じてほしい。夢を叶えてほしい。そのために私ができる応援が、のれん分けシステムによる独立オーナー誕生の仕組みをつくることだったのです。

少しずつ独立オーナーが誕生し、業績を上げ、5店舗を経営する独立オーナーも出てきています。

彼らの夢が叶いつつあるのと同時に、人生における私の大きな目標のひとつが叶いつつあるのも本当にうれしいことです。

24歳で独立オーナーに

自宅近く、大阪・堺にたまたま魁力屋が初出店したことから入社。22歳で最年少店長となり、24歳で独立オーナーとなった熱血ストーリーを紹介します。

☆考え方、生き方、収入……独立オーナーになって人生の景色が変わりました

魁力屋で働こうと思ったのは、自宅近くで募集があったから。しかも、「日曜日は休みたい」という条件を出したのに、「君次第。ちゃんと両立できるなら、それでいい」と言ってくれた面接官（現在の専務です）には、自分から言っておきながら、ちょっとびっくり（笑）でした。

私は当時、地元の祭りのスタッフとして夢中で取り組んでいたため、日曜日には時間が必要だったのです。「熱中できるものがある」。それを尊重してくれる会社のイズムがうれしかったですね。

同期がみんないい仲間で、「こいつらには負けたくない」という、いい意味でのライバル心もモチベーションにつながりました。

「やってやる」という気合と頑張りを評価してもらい、なんと22歳で最年少店長へ。と、ここまではよかったのですが、店長になってからは壁にぶつかる毎日でした。

勢いだけで突き進もうとしたのでは、まわりが動いてくれません。社員スタッフは年上ばかりで接し方が難しい。年下のアルバイトスタッフとは仲はいいけれど、店長としてきちんと指示を出したり、教育したりできているとはいえませんでした。

難しいことだらけでしたが、次のステップとして独立を意識しはじめたこともあり、「嫌なことから逃げない」と決めて立ち向かいました。相手に変わってほしければ自分が変わること。そう考えて、飾らず、大きなことを言わず、スタッフに対して常に真剣に、誠実に向き合うことを心がけました。

独立オーナーになれると決まったときには、楽しみと同じくらい不安もありました。店長のときも忙しかったし、店でのことには全責任があります。けれど、自分が独立オーナーとして経営する。その責任やプレッシャーはまったく違いました。

もちろん本部がサポートしてくれるし、いつでもなんでも相談できます。それでもやはり、自分自身の店として魁力屋の看板を守っていくことは、本当に大変なことだと身に染みました。

おかげさまで売り上げは順調に伸ばせましたが、給料を2回振り込んでしまうなど、びっくりするようなミスもしました（笑）。自分ひとりでできることには限界があるということにも気づかされました。調子に乗ることなく、謙虚に仲間に感謝し、助け合っていくことが何事においても大事なのだと学びました。

今、同じ志のあるスタッフと仕事ができることが大きなやりがいです。みんなの笑顔のなかで仕事をしているのは最高です。ですから今後は、店舗展開自体よりも、多くの人を雇用したいと思っています。

採用面接では、「自分の大切な人を本当に大切にできる人かどうか」を見るようにしています。

5章

ひとりでも多くの人が、本当にやりたいこと、やりがいのあることを見つけられるといいと思っています。夢中になれることとの見つけ方や、目の前にたくさんの道が開けていることを伝えてあげたい。私が魁力屋で教えてもらったように。人生は楽ではありません。それでもあきらめない。その先にやりがいや本当の喜びがあるのだと思います。独立したことでたくさんの出会いをいただき、チャンスに巡り合って成長もできました。人生の景色が変わる。この気持ちを、これからもたくさんの人と分かち合っていきたいです。

フランチャイズ化に興味はない

これだけ店舗が拡大してくると、大企業からフランチャイズ化の申し出をいただくことが多くなります。５００店舗、そしてそれ以上という目標を叶えるためなら、確かにフランチャイズ化がてっとり早く、しかも楽なはずです。

けれど、これまでもこれからも、看板だけを売るような話を受けることはありません。魅力屋で働き、心を受け継ぎ、それを広めていってくれる独立オーナーにのれん分けをしていきます。

店舗数は目標であっても目的ではありません。500店をめざすのは、飲食業界をリードできる企業になりたいから。地域一番店から日本一番店になって、国内はもちろん、海外へも新しいトレンドや文化を発信できる影響力が欲しいからです。

名前が同じだけの店がいくら増えても、それによって大きく儲けられたとしても、そこに同じ志や文化がなければ私にとって意味がありません。

魅力屋から巣立った店長たちがオーナーになり、夢を叶え、その背中を見たスタッフたちがやる気を奮い立たせる。それができるなら、魅力屋でなくてもいいし、ラーメン屋や飲食業でなくてもいい。私はそう考えています。

実際、魅力屋で精一杯働き、自分で独立して店をもった人もいます。焼き鳥屋、居酒屋、蕎麦屋など業態はいろいろですが、みんな繁盛しているようです。

卒業者の店にスタッフと一緒に顔を出して、飲んだり食べたりすることもあります。一緒に汗を流した仲間が、それぞれの道でイキイキと頑張っている姿を見るのはうれしいものですね。

充実した人生を送る人が多ければ多いほど、社会は元気に豊かになるはずです。大きなことを言うと思われるかもしれませんが、自分が考える方法で自分のできることをする。それは意味のあることだと信じています。

6章

「笑顔」と「元気」と「気くばり」が魅力屋のいちばんの心

経営理念に込められた想い

たくさんのお客様に「ありがとう」と言われるお店でありたい。

シンプルな言葉ですが、これこそが魁力屋の理念です。

もちろん、経営者として、この世に生まれてきたひとりの人間として、成し遂げたいことや見てみたい景色はいくらだってあります。すでにお話しした100人の独立オーナーを生み出したいというのもそのひとつですが、子どものときからずっと心に描いてきた「ラーメン屋になる」という目標の核になっているのは、おいしいラーメンを食べて「ありがとう」と喜んでもらうことにあります。魁力屋の経営理念の根っこもここにあります。

家族や仲間など、個人的につながりのある間柄であれば、心からお礼を言ったり言われたりする機会はあるでしょう。しかし、はじめて会った相手、見ず知らずの人に心から「ありがとう」と言ってもらえることは、普通はそれほどないでしょう。

おいしいラーメンをありがとう。あたたかい心くばりをありがとう。おいしくて、うれしくて、元気が出た。一緒に食べた仲間たちと笑顔になれた。だから「また来たい」。そう感じていただけるよう、全身全霊を尽くすのが私たちの仕事です。

落ち込んでいるとき、疲れているとき、寂しいとき、悲しいとき……もちろん楽しいときや元気なとき、どんなときでも、人間は生きているかぎりお腹が空きます。命さえ危ないほど空腹のときであれば、食べられるものはなんでも構わないでしょう。しかし、人生を快適に楽しむためには、おいしい料理、楽しい食事の時間は不可欠だと私は思っています。

星の数ほど飲食店があるなかで、魁力屋を選んでいただくということ。そこには毎回、一期一会の出会いがあります。そのチャンスを生かすのも駄目にするのも、店で働くスタッフ一人ひとりの仕事ぶりです。

大げさに思われるかもしれませんが、お金を払ってラーメンを食べてくださるお客様に対し、私たちには対価以上の喜びと満足を感じていただく責任があります。「ありがとう」と言われる店であり続けるという、ごくシンプルな私たちの理念をまっとうするためには、そういう想いをスタッフ一人ひとりと共有し続けなければならないのです。

店でお客様に「満足した」とお声掛けをいただくとき、心からやりがいを感じます。それがリピート来店や口コミにつながれば、こんなにうれしいことはありません。

「やっぱりラーメン屋になってよかった！」

そう実感し続けられていることをスタッフやお客様に感謝しつつ、これからも進み続けていきたいと思うのです。

「挨拶」と「掃除」を大事に

私たちは、「挨拶」と「掃除」をとても大事にしています。そこには、常に素直な心をもち、物事をプラス発想で考え、お客様のために「笑顔」と「元気」と「気くばり」のかぎりを尽くすという思いを込めています。

挨拶と掃除が大事であることは、家庭でも学校でも繰り返し言われることですし、どの業界でも意識されていることです。それを敢えて魁力屋の基本コンセプトとして掲げているのは、当たり前のことだからこそ大切にしたい気持ちを全スタッフで共有したいと考えているからです。

挨拶が大切なのは、お客様に対してもそうですが、スタッフ間でも同じです。店内のいい雰囲気、そしてミスのないチームワークのためには、スタッフ間の元気な挨拶が必要不可欠です。

明るく元気な声で自分から声を掛ける。しっかり相手の顔を見て、お辞儀をしながら挨拶をする。先に声を掛けられたら必ず答える。接客中などでスタッフ間の返事ができないときは、相手からのメッセージを受け取ったことをアイコンタクトで伝える。

そういった当たり前のことを、常にしっかりとし続ける。それができないのであれば、チームとして絆を築いていくのは難しいでしょう。だから魁力屋の店舗には、たとえお客様が少ない時間帯でも、スタッフ間の元気な声が飛び交っています。いつ足を運んでも、店内がイキイキした空気に満ち、チームワークのよさをうかがわせてくれるのはそのためです。

掃除についていえば、地域に根ざしたラーメン屋や定食屋などは、店内がちょっと汚いくらいがおいしく見える、という意見もあります。実際、見かけは年季が入っているけれど、味は確かというお店があるのも事実です。

それをどうこう言う気はありません。けれど魁力屋はそういう店ではありません。いつでも誰にでもおいしい、気持ちがいいと思っていただける店。従来のラーメン屋を敬遠しがちな若い女性同士やお子様連れでも、安心して快適にお過ごしいただける店です。

清潔で爽やかな雰囲気のなかで、細やかな心くばりとともに提供される、素朴でコクの深いラーメンを召し上がっていただく。そのためには、毎日の掃除も欠かせません。サービスと同じく、掃除にやりすぎはないのだと思っています。

どの店舗も毎日忙しく、時間を惜しんで働いているのですから、掃除には少しくらい手を抜いても、と考えるスタッフがいても不思議はありません。とくに忙しい日や時期などはなおさらです。正直そう思うことがあったとしても、スタッフはみんな、基本事項として掃除の徹底はしっかり守ってくれています。抜き打ちで店に顔を出しても、あわてるスタッフはいません。店はピカピカ（ランチタイム直後などは、お客様に見えないところに多少の汚れはあったとしても）。アイドルタイムや閉店前など、これでもかというくらい掃除をしている。それを私は知っています。それもまた、スタッフが守り伝えてくれる魁力屋の心です。

毎朝欠かさない「元気礼」

本章でこの本は最後。そのため「魁力屋の心」という言葉を入れています。その心を語るうえで欠かせないのが、これまでにも何度か登場した「元気礼」です。元気礼とは、毎朝欠かさず、その日のオープニングスタッフが全員参加して行なう朝礼のことです。互いに元気を与え合い、分け合うという目的をはっきりさせるため、朝礼ではなく元気礼と呼んでいます。

6章

元気礼では、ただ人の話を聞いているだけのスタッフはいません。その日の連絡事項を伝えたり、各スタッフのポジションを確認したりするのはもちろん、全員がそれぞれ、その日になにを心がけて仕事をしたいか発言します。

私も朝一番の臨店の際などは元気礼に間に合うように行き、飛び込み参加させてもらうことがあります。いきなり行くので、その日の司会のスタッフは緊張するようですが、「交通事故にあったと思って我慢してくれ」と(笑)。

それにしても、元気礼って本当に元気がもらえるんです。アルバイトスタッフが心からお客様のことを考えた発言をしてくれるときなどは、誰より私自身が元気になります。「寒くなって厚着のお客様が増えたので、上着を脱ぎ着されるときに、ぶつかったりしないよう注意したい」「雨なのでタオルを用意して、来店時に濡れているお客様がいらっしゃったら差し出す」などなど。自分ひとりでは気づかなかったことも、みんなの配慮や視点を持ち寄ることで、もれなく共有することができます。

また、その日の責任者(多くは店長ですが)が、みんなにちょっとした気づきやモチベーションを上げられるような話をすることもあります。聞く側に役立つ

元気を与え合い、気持ちを最高潮に上げる「元気礼」

6章

のはもちろん、みんなと共有したくなる話を見つけようと意識することで、話す側も普段から情報や感情の感度がよくなるようです。

最後にはスマイルチェックをし、みんなで声を揃えて「いらっしゃいませ」「ありがとうございました」など挨拶やお声掛けの言葉を唱和し、最後は互いに握手をして締めくくります。

天気がいい朝などは、店の外に出て駐車場でするると気持ちよさそうなのですが、とにかく大声を出すので近隣の迷惑になる心配があります。そのため店内で行なっていますが、それでも大きな声が聞こえるということで、「最初は何事かと思ったよ。毎朝

※司会者と向かい合うように並んで立つ
※★は司会者、☆は全員、または該当者

★〝基本コンセプト〟唱和！　ハイ！
(全員顔を見合わせ、相手の目を見ながら)

私たちは／「あいさつ」と「そうじ」を基本として／常に素直な心をもち／ものごとをプラス発想で考え／「お客様の笑顔」のために／笑顔と元気と気くばりで／地域一番店をめざします！

★続いて挨拶の練習をします！　さらにテンションを上げていきましょう！

★〝ハイ特訓〟いきます！　ハイ！　☆ハイ！
司会者に続いて「ハイ！」を10回ほど続けて言う。

★〝挨拶特訓〟いきます！
おはようございます！　☆おはようございます！
いらっしゃいませ！　☆いらっしゃいませ！
ありがとうございます！　☆ありがとうございます！
(各３回程度)

★それでは最高のスマイルチェックをします！　気をつけ！
お客様ご来店です！
☆いらっしゃいませ！(全員で分離礼)
お客様お帰りです！
☆ありがとうございます！(全員で分離礼)

★最後に本日の目標です！　本日の目標、○○さん！
☆よろしくお願いします！(分離礼)
例）今日は一日○○を意識して笑顔と元気と気くばりを忘れずに頑張ります。以上です。よろしくお願いします！
※役職順に、スタッフ→チーフ→副店長→店長と発表していく

★以上で元気礼を終了します！　今日も一日笑顔と元気と気くばりでよろしくお願いします！
☆よろしくお願いします！(分離礼)

★以上！　☆ハイ！
※全員と握手。必ず相手の目を見て両手で握手。司会者から順に、対面向かって左側から時計回りに握手をしていく

元気礼進行表

★それでは姿勢を正してください！　服装身だしなみ、及び爪チェックをします！
「気をつけ」の姿勢。首、背中をまっすぐにして両手を自然にたらす。指の間は閉じてズボンの横の縫い目に指を添えて立つ

★「おはようございます！」　☆「おはようございます！」(分離礼)

★○月○日(○曜日)、元気礼を始めます！ よろしくお願いします！
☆よろしくお願いします！(分離礼)

★昨日の実績報告です
昨日の売上は○○万円、お客様ご来店数は○○○名様、お客様単価は○○○円でした。
連絡事項としては○○○○○です。よろしくお願いします！

★本日の売り上げ目標です！
本日の売り上げ目標は○○万円、お客様ご来店目標は○○○名様、お客様単価は○○○円でいきます。達成できるよう頑張りましょう！

★本日のスタッフ配置、及び段取りについて！
麺場を○○さん　☆ハイ！
焼場を○○さん　☆ハイ！
ご案内兼レジを○○さん　☆ハイ！
デシャップを○○さん　☆ハイ！
ホールを○○さん　☆ハイ！
洗い場兼ホールを○○さん　☆ハイ！
そして○○時から○○さんが出勤します　☆ハイ！
以上よろしくお願いします！
☆よろしくお願いします！(全員で分離礼)
※司会者または、出勤していないスタッフが呼ばれた場合は全員で「ハイ！」と言いましょう！

★続いて店舗理念・基本コンセプト唱和に移ります

★〝店舗理念〟唱和！　ハイ！
(全員顔を見合わせ、相手の目を見ながら)
たくさんのお客様に／「ありがとう」と言われる店でありたい！

6章

出勤・退勤時の挨拶について

★出勤時

「おはようございます。○○です。今日も一日よろしくお願いします！」

店舗の端まで声が届くように大きな声で挨拶してから店内に入りましょう！


「よろしくお願いします！」

すでに出勤しているスタッフは大きな声で迎えてあげましょう！

★休憩時

休憩に入るとき
「９番、○○分いただきます！」 ☆**「いってらっしゃい！」**
休憩室から戻るとき
「９番、戻ります。よろしくお願いします！」
☆**「よろしくお願いします！」**

★勤務終了時

「お疲れ様です！　お先に失礼します！」
☆**「はい、お疲れ様でした！」**

★お店を出るとき

「お疲れ様です。○○です。今日も一日ありがとうございました。次の出勤は○日○曜日の○時から出勤します。よろしくお願いします！」
☆**「はい、よろしくお願いします！」**

★他店舗応援時

入店時は**「おはようございます。○○です。今日も一日よろしくお願いします！」**
「失礼します！」（厨房に入る前に一言添えましょう）
☆**「よろしくお願いします！」**
退店時は**「今日は一日ありがとうございました。お先に失礼します！」**
☆**「はい、お疲れ様でした！」**

★どんなときも感謝の気持ち（ありがとう！）の心を持ち続けていきましょう！

元気いいね」などと近所の方々に言われることがあります。

毎朝10~15分の短い時間ですが、テンションを最高潮に上げて店をオープンするための大切な儀式。私も参加するたびに元気とやる気をもらってうれしくなります。

立ち姿勢の基本

①足のかかとを付け、45度に開きます
②お尻にコインを挟んで落ちないようなイメージを意識します
③下っ腹にグッと力を入れます
④背筋を伸ばします
⑤頭のてっぺんが天井から吊り上げられているイメージをします
⑥指は揃えて伸ばし、ズボンの縫い目に合わせます
⑦最後にグッと胸を張ります

6章

失敗しても本音で報告

店舗がひとつ、または近隣に数店舗あるだけであれば、私とスタッフ、そしてスタッフ同士の意思疎通も、それほど難しくありません。必要があれば実際に顔を合わせることもできるし、なにかあればすぐに店舗間を行き来できます。

けれども展開地域が広がり、スタッフの数も多くなると、コミュニケーションをよくするための配慮や仕組みが必要になってきます。志をひとつにすること、想いをひとつにすることはもちろんですが、それでもやり方が違ってしまうというケースも考えられます。

魅力屋では、各人が自分で考えて行動することを重要視していますし、その場その場に合わせた臨機応変な心くばりは魅力屋の強みです。しかし、お客様対応に悪い意味でのバラつきがあってはいけません。お客様が「あれ？」と疑問や不審に思うようなことがあってもなりません。

スタッフみんなが仕事に慣れて、スムーズにできるようになるのはいいことです。けれど「慣れ」には危ない面もあります。最初はひとつひとつ確認しながら進めていたことが、慣れたことによって当たり前になり、いつしか流れ作業になってしまう。これはいけません。

よりよい作業の仕方を模索するのは悪いことではありません。けれど、勝手に基本を変えてしまうのはよくない。よりよい方法と思うことがあれば、それを提案し、みんなで検討して採用するかどうか決めるほうがいいのです。

魅力屋には全店舗にパソコンがあり、本部とすべての店がグループウェアでつながっています。チェーン店であればめずらしいことではなく、売り上げ報告などに使っている会社は多いでしょう。

私たちが特に重視しているのは、売り上げ報告や連絡事項などの事務的なことではありません。毎日、各店舗で起きたトラブルや失敗、ミスの報告など、毎日のリアルな出来事こそ全店で共有すべきことだと思っています。

誰だって自分の失敗や、自分の店の恥ずかしい話は隠しておきたいでしょう。けれど、飲食店の接客業では日々、本当にいろいろなことが起きます。何年やって

6章

いても、想定外のことが出てきます。そして、ほんの小さなミスや気の緩みが、店やチェーン全体の命運を揺るがすこともあります。

店舗で実際に起こったことは、いいことも悪いことも、すべていちばん役立つ教訓なのです。失敗をシェアできなくなったら、成長のチャンスを逃すことにもなります。反省点があれば、包み隠さず起きた事実と今後どのように改善すべきか、本音のコメントをつけて提出するようにしています。

他の店長やエリアマネージャーや社長が読む。各店の店長は、他店で起きたトラブルや反省すべき点を、自分の店のこととして、どうすべきか考えてスタッフと共有する。そうした地道な繰り返しが、現場を、そして会社を成長させていくのだと信じています。

コラム

お客様のお申し出は宝の山

私は、お客様からのお申し出は、どんなにきつい言葉でも自分たちを成長させてくれる宝の山だと考えています。

お客様からのお申し出はすべて私の元にも届けられます。ここでは、そのなかから、あえてお客様からの厳しいお申し出をいくつかご紹介します。

①最初が肝心、挨拶とご案内でお客様満足の8割は決まる

スタッフの方にテーブル席に案内されて2名で座ったところ、私たちの席の前で、案内したスタッフに「2名のお客様にテーブルを案内してはいけない」と聞こえるように注意していました。混んできていたので席を移動してほしくてわざと言ったのかもしれませんが、他に言い方はあると思います。とても不愉快な気分になりました。

空いている時間に夫婦で夕飯を食べに行ったときのことです。ボックス席に空席があるにもかかわらず、女性従業員よりカウンターに案内されました。バタバタしたくないので、空いている時間にしたのに不愉快でした。

ボックス席は帰るまでずっと空いていました。混んでいるときはカウンターでもよいでしょうが、軽く見られたようで気分を害しました。責任者のような人が謝罪に来てはくれましたが、女性従業員の案内の仕方が、ふたりだからカウンターで当然のように感じ不愉快でした。

「いらっしゃませ」と笑顔で入口のドアを開けてお迎えし、そしてその次にお席にご案内します。第一印象は、そこで決まります。

ピークに備えてできるかぎり効率よく席を詰めたいのはわかりますが、席が空いているなら「お好きな席にどうぞ」または「カウンターでもボックスでもどちらでもどうぞ」というご案内もできたと思います。

お客様によって奥がよかったり、手前がよかったりします。日によっても気分が変わるかもしれません。絶対に言ってはいけないのは「こちらでお願いします」と席を決めてしまうことです。どうしても席の余裕がないときは、まず「こちらの席でもよろしいですか?」と確認することが必要です。たった一言ですが、一杯のラーメンが幸せな時間になるように気くばりをしていきましょう。

②私語は気の緩み。絶対にしない

何回か御社を利用したことがありますが、今回はあまりにもひどいのでメールしました。

食事をしている私の横で店員の女性同士が客にも届く声で私語をしていました。厨房の男性が注意するわけでもなく、別の方と話して笑っていました。確かに23時頃の遅い時間でしたが、客として非常に不愉快に感じました。プロの店ならあり得ない話ですよね？　あなたなら、怒りますよね？

御社は、勤務中の私語を認めているのでしょうか？

次回、改善されていることを期待します。

お客様の前での私語を控えていても、ときには仕事の話をしていることがあるかもしれません。何の話をしているのかはお客様にわからないからと油断せず、ひとりでもお客様が店内にいらっしゃるときは控えることを徹底したいと考えています。「真剣にラーメンをつくっている」という雰囲気も大切にしています。お客様への挨拶はニコニコと笑顔であっても、調理しているときは真剣な眼差しのほうがラーメンがおいしく思えます。実際、へらへらと私語で気が緩んでいてはおいしい料理が提供できるわけがありません。

気の緩みはお客様へのサービス低下を招くばかりか、労災事故やその他のトラブルの原因にもなります。お客様がいらっしゃる店内は、どこも舞台袖ではなく舞台そのものです。スタッフ全員が〝役者〟であるという自覚を持ち続けていきましょう。

③お客様の前でスタッフを叱るのはタブー

接客態度が不快です。二度ほど伺いましたが、嫌な思いをしました。客である私たちの前で店員を罵倒とも思える声で怒鳴っていたのです。私たちは食事を楽しむために行ったのに、なんかその風景を見てげんなりしました。周囲のお客さんたちも同じ思いだと思いますよ。

もう少し冷静になって、お客に嫌な思いをさせないような教育指導をしたほうがいいと思いますよ。

⬅　⬅　⬅

スタッフに対する熱い指導が行きすぎて、お客様がラーメンで幸せになってほしいという私たちの志を妨げるとしたら、それは明らかに本末転倒です。いくらラーメンがおいしくてもまずくなります。

お客様にストレスのない空間で楽しく食事をして幸せになっていただく、という原点をいつも大切にしていきましょう。

④料理の順番

アルバイトの新人が注文を聞きに来て、ラーメンと生ビールを注文しました。いつもなら結構早くビールだけは先に持って来てくれるのに、この日は全然ビールが来ませんでした。

お店もそれほど混んでいないのにおかしいと思っていたら薬味を持ってきたので、「ビール早く持って来て！」と伝えると、「わかりました。すぐにお持ちします」と言われました。ところが、待っているとラーメンが先に出てきました。

厨房にいた店員も含めて謝罪してくれましたが、別に謝罪を要求している訳ではありません。いつもビールだけは先に持ってきてくれているので、どうしても納得いきませんでした。

そもそも、毎回お客の方から「ビールだけは先にください」と言わないといけませんか？

ラーメン、チャーハン、唐揚げがすごくおいしくて好きだっただけに、本当に残念でなりません。

仕事帰りのビジネスマンさんのなかには、お仲間とご来店されると、ラーメンは締めの楽しみにして、ビールと一品だけで仕事帰りの一杯を楽しまれたりします。仕事のあとの一杯のビールはたまらないものです。居酒屋さんではファーストドリンクをいかに早く提供するかというところに集中されているところもあります。

「お客様に幸せになっていただく」というモットーをもっともっと徹底して、ご指摘してくださったことを生かしていきましょう。

⑤営業中に閉店を急ぐのはありえないこと

早く帰りたいのか、バタバタとお帰りになった客のテーブルを片づけたり、客席に備えつけのネギなどを片づけていきました。

気を使って24時に会計し店を出ましたが、私が出た瞬間にのれんを片づけました。

6章

そんなに早く帰ってほしいの？　そんなに早く帰りたいの？

できないなら営業時間変更しては？

閉店時間に近かったとはいえ、一応営業時間内なのにレンゲ、ネギ、ニンニク、冷水すべて下げてあり、こちらから言わないといずれも提供されないのはどうかと思いました。

たとえ終業時間が迫っていても、ラーメンでひとりでも多くのお客様を幸せにしたいというモットーを大事にしたいと考えています。ラーメン店という舞台の上に立つ役者としても、幕が下りるまで決して気を抜かない。このことをもっと徹底していきましょう。

お客様は私たちのラーメンを求めてわざわざ店まで来てくださいます。車やバイク、自転車、徒歩でわざわざ来てくださっています。それもたくさんの飲食店があるなかで当店を選んできてくださいます。そんなお客様にラーメンを通して幸せになっていただくためにさらに気くばりを徹底していきましょう。

⑥玄関とレジが大事

先程食事をさせていただきましたが、会計時に明らかに高いと思い、レシートを確認すると、2名なのに麺3人分の請求でした。少し気をつけていれば、すぐにわかる間違いだと思います。確認して2人分にしてもらいましたが、しっかりとした謝罪もなく非常に不快な思いをしました。御社の教育とリスクマネジメントは、どうなっているのですか?

⬇　⬇　⬇

魅力屋では「玄関」と「レジ」をとても大切にしています。ご来店されたら入口の扉を開けて笑顔でお迎えする。会計のとき、お帰りになられるときに「ありがとうございます」とお礼の気持ちを伝える。雨のときは「足元

6章

が悪いところありがとうございます」、お待たせしたときは「今日はお待たせして、すみませんでした」、食べ残しがあったときは「お口に合いませんでしたか？」と、お客様とのコミュニケーションを大切にしています。

そのために食券機を使わずにレジにこだわっています。

せっかくラーメンで楽しい時間を過ごしていただいても、店を出られる前のレジで間違いをして謝罪もなかったのは本当に申し訳ないことです。最後の瞬間までお客様に幸せでいていただくことをもっともっと徹底していきましょう。

先輩経営者とのネットワークを大事に

自分ひとりの力でできることは限られている。会社を経営するなかで私が日々、実感していることです。数ある飲食店のなかから魁力屋に足を運んでくれるお客様、スタッフや家族といった周囲の人々、すべての人に感謝の気持ちで日々歩んでいます。

社長として会社を築き、成長させるという役目をたまたま与えられたのが自分だと思っています。ですから、いつもその役目をまっとうするために勉強を続けています。先輩経営者の皆さんに学ぶことも非常に大きいです。

経営者向けのセミナーに参加することもありますし、勉強会、交流会に出席することもたびたびです。個人的に親しくお付き合いさせていただいている先輩との会食の機会も大切にしています。ざっくばらんに楽しくおしゃべりさせていただきながらも、いろいろな意味でとても勉強になることばかりです。

先に述べたショッピングモール出店のきっかけになったキーマンを紹介していただけたのも、そうしたつながりがあったからです。

また、本文中でも紹介した来来亭の豆田社長とは、経営者の知人を通じて知り合い、ラーメンチェーンづくりのヒントを伝授してもらいました。教えれば競合にもなりかねない同業者に何の気兼ねもなくアドバイスをしてくれる豆田社長は非常に懐が深く、よき先輩経営者として、また良き友人として尊敬し、本当に感謝しています。

その他にも個人的に密な交流があり、お世話になっている方々はたくさんおられますが、一人ひとりのお名前をここで挙げたら、それだけで本1冊分になってしまいますので心のなかで尽きないお礼を申し上げます。

コラム

地域との結びつきも大切に

地域一番店をめざす。常にそう公言している私たちですから、地域に根差し、地域のお客様に愛されることを大切にしています。

本社のある京都ならば、祇園祭をはじめ、さまざまな地域イベントには積極的に参加しています。また、地域などで催しがあるとなれば、できるかぎり協力しますし、出店することもあります。京都の魅力をアピールするイベントに呼ばれて出店することもあります。

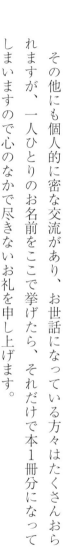

その他、中学生に職場体験をしてもらったり、私が母校でミニ講演会を行なったりしたこともあります。

店長会議には盲導犬協会の方にお越しいただき、勉強会を行ないました。まずは基本的なことを教わりましたが、みんなたいへん勉強になったと言い、さっそく自店のスタッフにも指導しています。

時代を見据え、広い世界を見据えながら、地域の中にしっかり根ざして考えながら行動する。各店ごとでも、企業としても自分たちが活動しているフィールドに対して、誠実で熱意あふれる姿勢で臨み続けたいと考えています。

あとがき　自分を信じれば夢は叶う！

子どもの頃に憧れた屋台のラーメン。

「大きくなったらラーメン屋さんになる」

この夢が本当に叶うとは思いませんでした。長い人生のなかで何が起きるかわかりませんが、「念ずれば花開く」ということを実感しています。

お客様と直に接することができて、お客様の喜ぶ顔が見える、こんないい仕事はほかにないと思います。しかも、たくさんある飲食店のなかから、わざわざうちのお店にお越しいただける。これほどありがたいことはありません。

「魁力屋に行ったら、元気をもらえた」とか「魁力屋のスタッフは、いつも接客がいいね」という言葉を聞くと、ものすごくうれしくなります。ラーメン屋をやっていてよかったと心から思う瞬間です。

味は十人十色、好みがあり、すべてのお客様に喜んでもらうことは難しいと思います。しかし接客については、すべてのお客様に喜んでいただくことが絶対に可能だと思っています。これが魁力屋イズムです。どんなに店舗が増えても、これだけは絶対に守り抜いていきます。

事業が拡大していくことに不安はまったくないと言えば嘘になるかもしれませんが、「お客様に喜んでいただくこと」このことを絶対に外さず経営しているかぎり、会社が潰れることは100％ないと信じています。

いつも愛想がよくて元気な飲食店が経営不振で潰れたという話は、一度も聞いたことがありません。「お客様に喜んでいただくこと」を徹底的につらぬくことが、なによりも繁栄につながる道なのです。

これからも私たちの行く手には高い壁が立ちはだかるかもしれません。しかし、自分たちの身の丈を超えるほどの高い壁が目の前に立ちはだかることはないはずです。極端なことを言えば、総理大臣が抱えているような高い壁が自分たちの前に立ちはだかることはないでしょう。

だから、自分の前にある壁は何としても越える。その壁を乗り越えたときには、自分たちがひとまわりもふたまわりも大きく成長している。これこそ、魁力屋の歩みを通していちばん強く実感してきたことです。

「チャレンジなくして成長なし」

失敗を怖れず、いろんなことに積極果敢にチャレンジし続ける！

「念ずれば花開く」

自分のことを誰よりも応援してくれるのは「自分」でしかありません。

皆さん、自分を信じて夢を叶えましょう！　絶対できます！

藤田　宗

一杯のラーメンで世界中を笑顔にしたい!!

2017年11月20日　第1刷発行

著　者――藤田　宗

発行人――山崎　優

発行所――コスモ21
〠171-0021　東京都豊島区西池袋2-39-6-8F
☎03（3988）3911
FAX03（3988）7062
URL http://www.cos21.com/

印刷・製本――中央精版印刷株式会社

定価はカバーに表示してあります。

ISBN978-4-87795-353-9 C0030